講演集　永遠の福音

私たちの教会が語らなければならない
一番大切なメッセージとは何でしょうか。
それは、私たちの唯一の救い主「イエス・キリスト」です。

キリストは、私たちを永遠の命へと導くための道であり、
真理であり、命そのものです。
神はこの永遠の命を
すべての人に与えたいと思っておられるのです。

キリストを信じて受け入れるとき、
絶望の人生が希望の人生に変えられていきます。
キリストの十字架にはその力があるのです。

永遠の命への決断

三つの愛のメッセージ

キリストをモデルとして

永遠の命への決断

それゆえ、信仰と、希望と、愛、

この三つは、いつまでも残る。

その中で最も大いなるものは、

愛である。

(コリントの信徒への手紙一　13章13節)

信仰の決断

日本人に共通の悩み

心理学者やカウンセラーたちは、現代日本に住む私たち日本人には、共通の悩みがあると言っています。五つにまとめると次のようになります。みなさんは、そのような思いにとらわれたことはないでしょうか。

一、それなりに幸せに生きているはずなのに、時々さみしさやむなしさに襲われる。
二、「自分はこのために生きているのだ！」と言い切ることができる充実感、あるいは生きがいというものがない。
三、この世に何のために生まれ、生きてきたのか、その意味が実感できない。
四、時々すべてがいやになって、投げ出したくなる、人生が大切なものだとは思えなくなる。生きていることが大切なことだとは思えなくなる。

五、人間、どうせ死ぬのだから、どう生きていたって変わらない。生きていても無駄だと思う。

じつは、これは五〇年前、いや三〇年前の日本にはあまりなかった悩みです。ここ二〇年ぐらいで、私たちの国に蔓延《まんえん》してきた悩みが、この「生きることの悩み」なのです。どうしてそのようになってきたのか、戦後の日本の時代の空気の移り変わりを、簡単にまとめてみたいと思います。

戦後の日本の空気

あの第二次世界大戦に敗戦して、日本は焼け野原になりました。そこからなんとかこの国を立て直そうと、国民が一丸となって高度経済成長を目指したわけです。人々は豊かさを求めました。豊かになれば幸せになれると、国民のみんなが信じて頑張ったのです。まじめに頑張る人間が尊敬されました。ヒーローとされたのは、代表的なところで、「巨人の星」の星飛雄馬《ひゅうま》や「あしたのジョー」の矢吹丈。貧しさのどん底から這《は》い上がってヒーローになる人が、国民のヒーローでもあったのです。

人々は、「3C」と呼ばれるものを求めました。覚えておられるでしょうか。「車(Car)」「クーラー(Cooler)」「カラーテレビ(Color TV)」。この三つの「C」がそろったら幸せになれる。そう信じて、一生懸命に働いたのです。人々は海外旅行にあこがれ、立身出世というものを求めました。

ところが昭和五三年頃、それまで三六〇円だった一ドルが二〇〇円を切った頃、日本の社会は豊かさを実感できる時代に入りました。あこがれだった車、クーラー、カラーテレビは、三〇年ほど前にはほとんどの家庭に入りました。国民は、豊かになったという実感を得たのです。そのころ、社会ではやった言葉を覚えておられるでしょうか。

「赤信号、みんなで渡れば怖くない」

それまでは、社会のために生きることが価値あることだとされていたのが、そうではなく、自分のために生きることが大切なのだと言われるようになりました。テレビの主役も、「おしん」から、トレンディードラマへと変わっていきました。日本が大きく変わった時代、それが昭和五五年前後です。人々が求めたのは、豊かな自分ではなく、輝く自分。自分を大切にし、自分のために頑張る。そのような生き方へと大きく変わっていきました。

その日本が十数年たって、一つの大きな経験をします。それが、平成四年頃と言われています。バブルがはじけたのです。豊かさを求め、豊かさを実感し、みんなで頑張ろう、自分が頑張るのだ、そういう時代から、すべてがガタガタガタっと音を立てて崩れるように、価値観が崩れ去っていきました。そして、むなしさの時代が始まったと言われます。「頑張ったところで何になるのだ。バブルがはじければ全く意味がなくなってしまうじゃないか」「頑張るのはダサい。頑張る姿を人に見せるのはダサい」、そういう時代になりました。自分の命は自分のもの、自分の人生は自分のもの、「人に迷惑をかけなけりゃ何をやってもいいのではないか」という空気が日本中に蔓延したのが二〇年前です。

フリーターとして、定職を持たず、アルバイトで生活する若者が増え始めました。覚えていますか。「ジベタリアン」「ルーズソックス」「ガングロ」……。それまで日本の社会では見られなかった風景が、特に若い子どもたちの間に見られるようになりました。社会の価値観は大きく変わっていきました。そして目標や目的、理由や希望が見当たらなくなってきたのです。人々は、むなしさを抱え始めました。さみしさを感じ始めたのです。そして、それから二〇年間、日本の多くの人々が、この同じ悩みの中に虜《とりこ》になっていると言われます。

毎年三万人以上の方々が、自分の命を絶ちます。葬儀社や病院の話によると、実際はその五倍、未遂者はその一〇倍いると言われます。人間関係を避けて家に引きこもる若者が増えてきました。今日本には、三〇軒に一人、引きこもりの人がいると言われます。「何を目指して生きていったらいいのかわからない」「人間と会うのが怖い」「生きていくことに何の意味があるのだろうか」、そんな空気が、私たちの周りに蔓延しているというのです。

精神科医のヴィクトール・フランクルは、このむなしさのことを、「実存的空虚」と言いました。生きることのむなしさ、存在することのむなしさです。生きる喜び、生きる希望が見失われてしまったのが現代の日本だと言われています。ですから、私たちの周りには、そのさみしさやむなしさを抱えている人々がたくさんいるのです。

たぶん、みなさまのご友人やご家族の中にも、そのような心に傷を抱えている人、闇を抱えている人がいらっしゃるのではないかと思います。

いったいどこに、その解決の道があるのでしょうか。私たちはこの悩みからどう脱していったらいいのでしょうか。それが、この講演会で私がお話ししたいテーマなのです。

幸せに、元気に、活き活きと生きる命

この空気の中で、私たちは、国として大きな出来事を経験いたしました。平成二三年三月一一日の東日本大震災です。あっという間に、あの東北の町が、がれきの野と化しました。私も知らせを受けて、三週間後に東北の地へ行きました。本当に何と表現してよいのかわからない、悲惨な状況がそこにありました。そこに住む人々の心を思うときに、何と声をかけていいのかわからないような現実がありました。

東北の大船渡《おおふなと》市に一人のクリスチャン医師（カトリック）がいます。その方が、聖書をその東北の地に住む同胞のためになんとかわかりやすく翻訳したいと試みたのが、

ケセン語訳の聖書でした。ご存じの方もおられると思います。東北弁、気仙《けせん》地方の方々が話す言葉で聖書の言葉を翻訳してあり、非常にわかりやすく書いてあります。彼は、あの震災の後、その中から特にイエス・キリストの言葉を拾って、一冊の本を出しました。タイトルはまさに、『イエスの言葉　ケセン語訳』。この本から、まず一つのキリストの言葉をご紹介したいと思います。有名な言葉です。

「イエスは言われた。『わたしは道であり、真理であり、命である。わたしを通らなければ、だれも父のもとに行くことができない』」（ヨハネによる福音書一四章六節）。

著者である山浦玄嗣《はるつぐ》先生は、非常にギリシャ語に堪能な方です。彼はギリシャ語を徹底的に調べていき、キリストが本当に言いたかったことはこれだろうと、この東北地方、気仙地方に住む、災害と悩みの中にある同胞に伝えるために、この言葉をこう訳しました。東北弁でしゃべるのは難しいので、この東北弁を標準語に訳しながらお伝えします。

「俺は人を本当の幸せに導く。俺は人に本当に幸せになるなり方を教える。俺は人を幸せに活き活きと生かす」

「わたしは道である」……この道とはどういうことかというと、「俺は人を本当の幸せに導く道だ」

「わたしは真理である」……「俺は人に本当に幸せになるなり方を教える真理だ」

「わたしは命である」……「俺は人を幸せに活き活きと生かす命だ」

キリストはそう言われたのです。命という言葉は、ギリシャ語では「ゾーエー」という言葉が使われます。「ゾーエー」には、「生きていること」など、いろいろな意味がありますが、その一つに「幸せに、元気に、ピチピチと生きる」という意味があるのです。キリストが与えたかった命、キリストが教えたかった命、キリストが伝えたかった命とはまさに、「幸せに、元気に、活き活きと生きる命」、その命だと山浦先生は言うのです。うつむいて、悩み、涙しながら生きる命もあれば、上を向いて、活き活きと元気に幸せに、ピチピチと新鮮な思いの中で生きる命もあります。キリストは、その活き活きとした幸せな元気な命を私たちに与えたかったと、そう言うのです。

永遠の命

聖書の中の永遠の命、これは新約聖書の中心的なテーマですが、この永遠とは何でしょうか。永遠というのは、そもそも始まりがなく、終わりがないことです。始まりもなく、終わりもない命。この命を持っておられる方は神しかいません。

私たち人間はみな、始まりを持っています。しかし、始まりもなく、終わりもない命を持っている神が、始まりを持った私たちに、永遠の命、終わりのない命を与えてくださいます。しかも、始まりもなく、終わりもないということは、いつでもどこでも、どんな時でも、神が与えようとしておられるのは、幸せで元気で活き活きとした命だというのです。

あなたがいつも活き活きと元気で幸せに生きることを神は願われ、そのためにキリストを与えてくださいました。キリストは、その命へと導くための道であり、真理であり、命そのものです、これがその宣言です。もう一度、ヨハネによる福音書一四章六節のみ言葉をお読みしましょう。

「イエスは言われた。『わたしは道であり、真理であり、命である。わたしを通らなければ、だれも父のもとに行くことができない』」

父なる神だけが持っている本当の命、活き活きと幸せで元気な命には、キリストを通らなければ誰も達することができない。キリストはそう言われるのです。

「目をつぶるな！」

山浦先生があの震災の後、災害をこうむった大船渡市で医師を続けながら書いたこの本をご紹介したいと思います。

「（あの三月一一日の大震災のとき、）大船渡市の市街地は半分が壊滅し、医療機関も半数がやられました。鉄道は流出し、道路は寸断され、自動車は流され、世界は瓦礫《がれき》と泥と雪に覆われて、そしてその下に埋もれているたくさんの死体や魚の猛烈な腐敗臭に満ちていました。人びとは避難所を求めて逃げまどい、行方の知れない家族を探してさまよいました。そんな中で、気仙衆は勇猛果敢に生きていました。誰一人不平を漏らす人はなく、むしろ陽気でした。みんなで助け合い、励ましあって生き抜きました」

あの二年前の震災後、東北の方々が本当にみんなで助け合い、励ましあって生き抜いた姿は、世界中の人々に感動を与えました。しかし、山浦先生は続けます。

「……すっかり変わり果てたふるさとでした。あの美しかった高田松原は七万本の松がたった一本を残して全滅し、地面は陥没して海が内陸まで入り込み、街は瓦礫の野になりました。被災直後の高揚した気分がしずまると、やがて人びとは沈鬱になりました。職場を失った人びとがどんどんふるさとを捨てて出てゆきます。そうしないと生きてゆけないからです。患者さんたちに鬱病の症状が多くなり、自殺願望が増えました。そしてわたしの知っている人びとが何人か瓦礫の海に身を投げました。逆に躁病になった人もあります。多くの老人たちが急速に人格崩壊し、記憶障害、見当識障害、理解判断力の低下におちいりました。人びとは『がんばろう東北』という勇ましい掛け声をいやがるようになりました」

震災直後、人々は高揚した気分の中で、「助け合って、がんばろう!」と言っていました。ところが数か月過ぎて、仕事がなく、仕事を探しにその場所を離れなければならない人々が出てきました。そして時が過ぎると、沈鬱な思い、むなしさ、さみしさが人々の心を覆って、東北の人々は、あの「がんばろう東北」という言葉をいやがるようになったのです。

そんな人々に、キリストの「わたしは道であり、真理であり、命である」「俺は人を本当の幸せに導く。俺は人に本当に幸せになるなり方を教える。俺は人を幸せに活き活きと生かす」といった言葉をどう紹介したらよいのか、どう伝えたらよいのか、山浦先生は立ちつくすのです。元気な人に伝えるのは、難しくありません。しかし、悩み、苦しみ、沈鬱な思いでいる人々に、どう伝えたらよいのでしょうか。

彼自身の言葉をご紹介します。

「(幸せに活き活きと生きる。)どうやったらそのようになるのでしょう。この人生の悲惨の中で、イエスよ、あなたはどのようにしてわれわれを幸せに活き活き生かしてくださるのですか。あなたもずいぶんと悲惨な人生を歩みましたけれども、よくもまあ堂々とそんなことがいえるものですね。あなたは幸せでしたか？　きっとそうだったのでしょうね。では、われわれもそうなりたいものです。どんな悲惨の中にあっても、希望を失わず、勇気に満ち、元気で活き活きと生きたいものです。でも、この惨状を前にして、わたしは足がすくみ、体中がふるえて、どうすることもできないのです」

この打ちひしがれたその同胞を前に、私はどうすることもできない……。そんなときに、キリストの言葉が山浦先生の心に響くのです。

「『目をつぶるな！』とイエスは朗らかにいいます。『目をつぶって何が見える？　まっ暗闇だけではないか。……さあ、目を大きく開け！　どんなに悲惨なありさまが見えようとも、それが現実というものだ。目をそらすな。こわがるな。この俺がついているんだ。いいかね、いいことを教えてやろう。わたしの話していたヘブライ語ではな、《ことば》と《できごと》とはどちらもダーヴァールといってな、互いに区別がないのだよ。お前の身のまわりに起きている《できごと》はすなわち神さまの《ことば》なのだ。耳をすまして、その《ことば》を聞け。そうすればこの《できごと》を通じて、神さまがお前に語りかけている《ことば》が聞こえてくるはずだ。お前が今何をすればいいのか、神さまはお前に何をさせようとなさっているのか、それが聞こえてくるはずだ。それに従うのだ。その先に、お前が人間として本当に喜び輝く光の道が見え、お前は幸せに活き活きと生きる！』」

ヘブライ語では、「ことば」という言葉と、「できごと」という言葉は、同じ「ダーヴァール」という言葉が使われます。

「お前の目の前に起きている出来事は、すなわち神からのメッセージだ。神からの言葉だ。この出来事をしっかりと見据えよ。そして、神の声を聞け。そのときに道が開かれる。そのときに、『わたしは道であり、真理であり、命である』と言われたキリストの言葉の意味がわかる」

唯一の道

「あなたたちは聖書の中に永遠の命があると考えて、聖書を研究している。ところが、聖書はわたしについて証しをするものだ。それなのに、あなたたちは、命を得るためにわたしのところへ来ようとしない」（ヨハネによる福音書五章三九、四〇節）。

「幸せの道、われわれが本当に活き活きと幸せに生きる道が、聖書の中に書いてある。そう思ってあなたがたは聖書を研究する。しかし聖書はじつは、イエス・キリストご自身を証しするものである。そして本当の命、永遠の命は、イエス・キリストを知ること以外にない。しかし、あなたがたは聖書は読むけれども、聖書の証ししているキリストご自身のところにやってこようとはしない」。キリストはそう語られるのです。

聖書を知るということと、キリストを知るということの違いです。聖書を学ぶということと、そこにキリストを見いだし、キリストにすべてを信じ明け渡していくということの違いです。それを、キリストご自身が指摘されたのです。キリストが永遠の命、活き活きと幸せに元気にいつでも生きるその命への唯一の道であることを、キリストご自身が語られました。
弟子たちはなんとなく、このお方に命への道があるということに気づき始めていました。ペトロの告白の言葉です。

「シモン・ペトロが答えた。『主よ、わたしたちはだれのところへ行きましょうか。あなたは永遠の命の言葉を持っておられます』」（ヨハネによる福音書六章六八節）。

このお方が、命の唯一の鍵であり、このお方にしか永遠の命の言葉はない。弟子たちはそのことに気づいていました。彼らは、キリストにしがみつきます。「絶対に離さない！」と。イエス・キリストはどのように、私たちにその永遠の命を与えてくださるのでしょうか。

睡蓮の絵

一人の女性がいました。有名女子大学を卒業し、有名大学を出たご主人と結婚しました。ご主人はエリート商社マンで、立身出世の道を二人で歩んでいました。商社マンとしてのご主人は仕事に成功し、彼女も翻訳の仕事で世に名前を出し、売れていたのです。夫婦は一人の男の子を得て、まさに絵に描いたような幸せな家庭を築いていました。

ところが、彼女は時々、自分の中を冷たい風がすーっと通り抜けていくのを感じていました。翻訳の仕事に没頭しているときに、冷たい風が自分の心を吹き抜けていくのを感じていたのです。何だろうと思いました。でも、誰にもそのことを言うことができませんでした。友だちにも、ご主人にも言えませんでした。時々自分の心を冷たい風が吹き抜ける、それは彼女の秘密でした。

この夫婦は、人々から認められることに人生の最大の価値を見いだして、そのために懸命に生きていたのです。ところが、その生き方の不自然さをずーっと見ていたのが、二人の間に生まれた男の子でした。

やがて息子は有名私立中学に入学し、その夏にご主人の出張を兼ねて、家族でアメリカの東海岸へ旅行をすることになりました。東海岸のきれいなホテルに泊まり、豪華な夕食を食べていたとき、息子がいきなり、ボストンの美術館で見たモネの睡蓮の絵の話を始めたのです。

「モネの睡蓮の絵ってきれいだけど、モネが本当に描きたかったのは、花じゃなくてあの泥沼だよね。一見華やかだけど、その奥に深い泥沼がある。モネはそれを描きたかったんだよね」

中学一年生の男の子がそう言うのです。

「君もなかなか鋭いね。そうか、そういう意味があるのか」

一枚の芸術作品をめぐって、親子が会話をします。

その父と息子の会話を聞きながら、母親は、「幸せな家庭だ」と本当に満足に思うのです。芸術の話題を共にし、絵について語り合うことができる、なんて素敵な家族なのだろうと、自画自賛の思いにかられたのです。


次の日、東海岸の非常に海のきれいな場所に行きました。青い海、青い空、白い帆のヨット。絶壁の上に立ち、それらを背景に、親子は交替で写真を撮っていました。息子がカメラを構え、両親の写真を撮る番がやってきました。彼は海を背にして、両親にカメラを向けました。そして、「はい、チーズ」と言ってシャッターを下ろし、写真を撮ったのです。その後、息子はゆっくりとカメラを岩の上に置き、両親に背を向けて、両親の目の前で、両手を広げて海に飛び立っていきました。

母親は何が起きたのかわかりませんでした。息子は足を滑らせて落ちたのだろうか。しかし、息子がゆっくりと背を向けて、手を広げて海に向かって飛び込んでいった姿が、はっきりと瞼《まぶた》の裏に残っています。

大声で息子の名前を呼び、息子の姿を探しますが、波しぶきがおどる岩場しか見えません。両親は急いで警察に連絡しました。

「何時間かかるかわからないので、ホテルで待っていてください」

混乱した頭を抱え、動揺しながらホテルに帰ってきました。何が起こったのだろう。こんな幸せな家庭に育った息子に何が起こったのだろう。……何もわからないまま、ホテルに帰ってきました。

ところが部屋に入り、テーブルの上にある一枚の紙を見て、ドキッとします。そこには息子の字で、「さようなら」と書かれていました。朝、この部屋を出るときから、息子が死ぬことを決意していたことを、彼女は知るのです。

三日後、息子の遺体が発見されました。その遺体を遺骨にし、二人は日本に帰ってきました。心には大きな穴がぽっかりと開きました。いったい何が起こったのか。なぜこんなことになったのか。夫婦で語るにも語れず、重い沈黙の時が流れていきました。

そんなある日、上野の美術館に、あのモネの睡蓮の絵がやってくることを知り、二人は決意するのです。モネの絵を見に行こうと。それは、夫婦にとってつらい決断でした。彼女自身の言葉です。

「モネの絵を見に行くことは、私たちにとってほんとうに大きな試練でした。でも、ある日曜日に私たちは上野の美術館にモネの絵を見に行きました。

（息子）俊一が言った『モネの絵は、表面は爽やかだが中にはどろどろしたものがいっぱい詰まっている』という、その絵の前に立ち尽くしました。その瞬間、私たち二人は同時に頭が割られるような衝撃を受けました。俊一が言った言葉の意味が、そのとき、私たちの魂を貫いたのです。

成功すること、人々の目によく見られること、地位を固めること、エリート商社マンとして上り詰めていくこと、人々に賞讃されること、そういったことのみを求めた私たち夫婦の心は空っぽで、深いところは欲と自分さえよければのエゴの塊だったのです。

それを俊一は未熟なうちに見抜いていたのだということがわかったのです。

私たちはその瞬間に自分たちの生き方が根底から間違っていたとわかったのです。エゴと欲得だけで動かされている自分の深いところは闇でしかない、そういった二人の生き方をはっきりと見せつけられたのです」

人々の目によく見られること、成功すること、地位を固めること、エリート商社マンとして上りつめていくこと、人々に称賛されること、そういったことのみを求めた自分たちの人生は、じつはむなしくてさみしい人生だった。それを、息子の死の警告をもって、二人は初めて知るのです。なぜこんなにむなしいのか。なぜこんなにさみしいのか。それは、神が与えようとしておられる本当の命から、自分たちが遠く離れたところに生きている、それゆえだということに初めて気がつきました。

その夜、夫婦は久しぶりに会話を交わします。

「寝る前に夫がポツリと言いました。
『俊一のおかげで私たちの人生がまっとうになりそうだね。ようやく人間らしくなれるね。何かほっとしたよ。俊一のおかげだね』
私もその言葉を深く胸に受けとめました。私自身そう感じていたからです。私たちはその夜布団に入って手を握り合って眠りました。深い深い絆《きずな》が夫と私の間に初めて築かれたことを感じました」

それからの彼らの人生は変わっていきます。休日には仕事を休むようになり、日曜日も休んで教会へ行き、キリストと出会うのです。そして初めて、本当の命とは何か、それは、自分のために生きる命ではなくて、ほかの人と共に生きる命だということを知っていきます。キリストに会って初めて、彼らは本当の命、永遠の命を生き始めることができるようになったのです。

「わたしを信じる者は、死んでも生きる」

「イエスは言われた。『わたしは復活であり、命である。わたしを信じる者は、死んで

も生きる』」（ヨハネによる福音書一一章二五節）。

キリストの言葉です。私は復活であり、命である。私はあなたが倒れていても、そのあなたを助け起こすことができる。あなたが死んでいても、新しい命を与えることができる。私が命そのものだから。

そうなのです。私たちの心にどんなにさみしさやむなしさが宿っていても、キリストはそのさみしさやむなしさから私たちを解放し、新しい命を与えてくださる。それができると宣言してくださいました。このキリストとつながること、このキリストを信じること、これが永遠の命への決断なのです。

「永遠の命とは、唯一のまことの神であられるあなたと、あなたのお遣わしになったイエス・キリストを知ることです」（ヨハネによる福音書一七章三節）。

永遠の命、それは神とキリストを知ることです。聖書で「知る」という言葉は、一つとなるという意味です。永遠の命、それはあなたが、神、そしてキリストと一つになることです。信じて、キリストにすべてをお任せして、キリストと一つになるとき、あなたは永遠の命を生きることができます。

「信じますか?」

一八五九年六月三〇日のことです。チャールズ・ブロンディンという軽業師が、カナダとアメリカの国境にあるナイアガラ滝を綱渡りすることになりました。滝の上に、およそ三〇〇メートルのロープが張られました。

チャールズは、アメリカからカナダに向かって、綱を渡っていきました。みんなハラハラドキドキしながら綱渡りを見ていました。そして無事にカナダ側へ着いたとき、人々は拍手喝采《かっさい》して迎えたのです。そして彼らは叫びました。

「もう一回やってみろ! もう一回カナダからアメリカの方へ帰ってみろ!」

チャールズは答えます。

「わかりました。帰りましょう。今度は、誰かを背負って帰りたいと思います。できると思いますか?」

「できる! やってみろ!」

彼らは叫んだのです。

チャールズは、一番前で大声をあげて、「やれるなら、やってみろ！」と叫んでいる人を指さして言いました。

「じゃああなた、私の背中に乗ってください」

「いえいえいえ、私は結構です」。彼は答えます。

チャールズは次から次へと、「じゃあ、あなた」と指さすのですが、みんな「おまえにはできる」と言いながら、「自分が乗る」という者は誰もいませんでした。

チャールズは、最後に一人の男を指さして言いました。

「あなたは乗ってくださいますか？」

英語では、「Do you believe me?（私があなたを背負ってアメリカ側へ帰れると信じますか？）」という質問に、男は「Yes」と答えます。

チャールズは質問を変えて、もう一度男に尋ねます。

「Do you trust me?」

英語の「信じる」という言葉には、「believe」と「trust」があります。「believe」は頭で信じること、「trust」には行動と決断が要求されます。

「あなたは私を信頼して、私の背中に乗ってくれますか?」

男は「Yes」と答えます。

「乗ってください」


ハリー・コルコードという名のこの男は、軽業師のマネージャーでした（彼の父親という説もあります）。チャールズは、このマネージャーを背負い、今度はカナダからアメリカへに向けて綱渡りを始めたのです。ゆっくり、ゆっくり歩いていきました。

しかし、彼らが三分の二くらい進んだところで、ある一人の酔っぱらいの観客が、渡されている太い支え綱の一本をナイフで切ってしまったのです。バランスが崩れ、綱が揺れ始めました。チャールズは何かが起こったことを察して、じーっとそこに立ち止まっていました。そして、やがて揺れが収まったときに、背中に乗っていたハリーに言ったそうです。

「ハリー、いいか。君はもうハリー・コルコードではない。チャールズ・ブロンディンだ。僕と一つになってくれ。僕が右に傾いたら、バランスを取ろうと思って絶対左に行くなよ。僕と一緒に右に傾いてくれ。左に傾いたら左だ。いいか、君と僕は一つだよ」

「わかった。すべてを君に任せる」

チャールズは再び歩き始め、最後は走るようにして見事にアメリカ側まで渡りきりました。人々は、拍手大喝采で彼らを迎えたのです。

キリストは、私たちに永遠の命を与えてくださる唯一の方です。このキリストを信じますか？

「Do you believe in Christ?」

「Do you trust in Christ?」

キリストを信頼して、その人生をキリストにお任せすることができますか。キリストが私たちの救い主であるということを、どれだけ頭で理解し信じていても、私たちは決して永遠の命にたどり着くことができません。キリストに信頼してキリストにゆだねて初めて、永遠の命が私たちのものになります。いつでも幸せに活き活きと元気に生きる命は、私たちがキリストを信頼し、すべてをゆだね、明け渡す決心をしたときに、私たちに与えられるのです。今日、ぜひその決断をしていただきたいと思います。

「信じます」

一人の父親が、キリストに息子を助けてほしいと願い出ました。そのとき、彼は言いました。

「もしおできになるならば、息子を助けてください」

それに対して、キリストはこう言ったのです。

「イエスは言われた。『「できれば」と言うか。信じる者には何でもできる。』その子の父親はすぐに叫んだ。『信じます。信仰のないわたしをお助けください』」（マルコによる福音書九章二三、二四節）。

新約聖書最大の信仰告白と言われている告白です。「信じます！」と叫んでいるのは、信仰のない私なのです。「イエス様、私は信じることができません。でも、信じます。助けてください」と叫ぶ私たちの信仰をキリストは顧みてくださいます。

今日あなたは、「私自身の中に、神からの永遠の命がほしい。不信仰だけど、キリストを信じてこの命をいただきたい」「この命が、私の家族や友人に与えられるように祈りたい」と願われますか。

「信じます！　信仰のない私をどうか助けてください。そして、私が活き活きと幸せに生きることができますように」と願われますか。

「イエス様、その命を私の家族に分かち与えてください。私の友人に分かち与えてください。そのために私は祈ります」と思われますか。

神様が今日、一人ひとりの心にこの永遠の命を与えてくださるように祈ります。私たちを造られ、私たちにイエス・キリストを与えてくださった神様は、この永遠の命を一人残らずすべての人間に与えたい、その永遠の命を生きてほしいと心から願っておられる神様です。神様の豊かな祝福をお祈りいたします。

希望の決断

私たちの人生は選択の連続です。言葉を変えて言うと、決断の連続です。本当に正しく豊かな人生を生きようとするときに、私たちは一つの選択、決断をしなければなりません。神のもとにある本当の命を生きるには、イエス・キリストと一つとなること、イエス・キリストを信じること、イエス・キリストを知ることを心から願い、選び、決断することが必要とされます。次に「希望の決断」というテーマで、ご一緒に考えてみましょう。

希望なきところで

西暦二〇〇〇年、あの大世紀末と言われた二〇世紀最後の年のことです。日本人作家の村上龍《むらかみりゅう》が一冊の小説を世に問いました。『希望の国のエクソダス』という小説です。その中で村上龍は、登場する中学生にこう言わせたのです。

「この国には何でもある。でも、希望だけがない。この国はお金を出せば何でも手に入るけれども、希望だけがない」

先にお話ししたように、バブルがはじけた後、人々は希望を見失いました。この国全体が、人生の目的、人生の目標を失いました。特に若者は敏感にそれを感じ始めたのです。神学者のモルトマンは言います。「希望のないところ、そこを地獄と呼ぶ」と。希望がない世界、希望がない社会というのは、じつは人間にとって地獄なのです。希望がないということをごまかしきれなくなったときに、人は地獄に生きているような思いにかられます。

今から数十年前、一つの壮大な実験がなされたと言います。実験場の名は「アウシュビッツ」。あの有名なアウシュビッツの収容所です。

たくさんのユダヤ人と、ユダヤ人のサポーターがそこに捕らわれました。彼らはそこでまず名前を奪われました。アウシュビッツの収容所に一歩足を踏み入れたときから、もう誰も名前で呼ばれなくなりました。腕に番号が入れ墨され、それ以降、人々は番号で呼ばれるのです。その瞬間、過去の経歴も、肩書も全部失われていきます。

彼が何者であるか、誰も問題にしません。番号だけで呼ばれ、身につけている一切の物、メガネ、入れ歯、装飾品も全部取られます。髪の毛が剃られ、体毛のすべてが剃られて、丸裸にされます。ただの肉体がそこに存在するだけです。自分の価値、自分の将来の希望、自分の過去、全部が奪われた、そのような状況の中で、はたして人は生きていけるのか……。その実験がなされたのです。

人々が続々と収容所に連れてこられるので、古い者からガス室へ送られて殺されていきます。しかし、収容所に入った四三%の人々が、ガス室へ行く前に死んでいったと言います。彼らは絶望の中で死んでいくのです。生涯この収容所にとらえられ、最後の行き先はガス室だと思ったときに、そして、誰も自分を認めてくれないと知ったときに、人々は絶望して死んでいくのです。

しかし、そのような苛酷な状況の中で見事に生き抜いた人々がいました。自分の過去も自分の未来も奪われたところで、なお生き抜いたのです。どのような人々が生き抜くことができたのでしょうか。同じように収容所を生き延びた精神科医、ヴィクトール・フランクルは言います。

「希望なきところで、なお希望を持ち続けた者だけが生き延びることができた」

希望のない状況の中で、なお希望を持ち続けること、それができた者だけが生き抜くことができたというのです。それは、どんな希望でしょうか。

この壁の向こう側に自分を待ってくれている人がいる、自分に期待してくれている人がいる、自分の家族や自分の同僚や自分の同胞が、自分をなお待ってくれていると信じることができた人が、その絶望的な状況をなお生き抜くことができたというのです。社会が、世界が、たとえ希望なき状況に思えようとも、なお希望を持つことのできる者、それがこの状況を生き抜くことができる唯一の秘訣だと、フランクルは収容所から解放された後に書きました。有名な『夜と霧』という本の中に、その事実が記されています。

すべての人間には基本的な四つの欲求があると言われます。人間誰もが持っている四つの欲求です。

一、誰かから愛されたい。

二、誰かからほめられたい。

三、誰かから必要とされたい。
四、誰かの役に立ちたい。

愛されて、ほめられて、必要とされて、そして誰かの役に立って初めて、人間は希望を持って生きることができる存在なのです。誰からも自分は愛されていない、誰からもほめられることがない、誰からも必要とされていない、誰の役にも立っていない、そう思った瞬間、人は生きる力を失っていきます。希望を失うのです。

希望を失った時代

現代の日本の多くの人々が、希望を失った状況にあると言われます。

二一世紀に生きる中高生は、二〇世紀を生きてきた中高生とは相当変わったと、あるミッションスクールの校長先生が言われました。東京の有名なミッションスクールの校長先生です。ずっと若者を見てきた彼は、二一世紀に入って若者は変わったと言います。どう変わったか。みんな笑顔になった。そして、反抗期と呼ばれる中高生たちが、「気味が悪いくらい、優しく素直になった」と言うのです。

私も以前、高校の教師をしていましたが、二十数年前の高校生の中にはぎらぎらしている人がいました。近づくと何かされてしまうのではないかというような高校生が少なからずいたのです。社会では、校内暴力がはやっていました。窓ガラスを壊す、喧嘩《けんか》をする、あるいは教師を殴る、いろんな問題がありました。そういう時代です。二〇世紀の末、中学生、高校生はそういう世界で生きていました。

ところが二一世紀になって、そういうことがほとんどなくなりました。みんな笑顔で優しくて素直なのです。今の先生方は楽なんじゃないのかと思うくらい、中高生は変わった、その現象が見えるというのです。

ところが、表面的には笑顔で優しくて素直な彼らですが、アンケート調査をすると、高校生の三分の二は、自分はだめな人間だと思い、三分の一は孤独だと思っています。そして多くの若者が、実存的な不安、生きることの不安を抱えています。端的に言うと、「自分のような人間が生きていてよいのだろうか?」という疑問を持っているのです。だから、人から嫌われないように、拒否されないように、彼らは笑顔で素直で優しいのだというのです。表面は笑顔で素直で優しいのですが、心の中に深い闇を抱えている。これが現代の若者だとその先生は言うのです。希望がないのです。

レビの決断

この心の状況は、今も昔も、人間の中にずっとひそんでいました。聖書の中にレビという一人の男の物語があります。

「そして通りがかりに、アルファイの子レビが収税所に座っているのを見かけて、『わたしに従いなさい』と言われた。彼は立ちあがってイエスに従った」（マルコによる福音書二章一四節）。

聖書は短く淡々と、その事実を書いているのですが、アルファイの子レビが座っていたのは、収税所の近くでした。収税所というのは、税金を集めるところです。交通の要所であったカファルナウムという町での出来事で、彼は、通行税、あるいは物品税を集める徴税人でした。二千年前のユダヤの社会では、人々から非常に嫌われている三種類の人々がいました。まず、重い皮膚病を患っている人々。二番目に遊女、売春婦。そして三番目が、取税人、徴税人と言われる人々でした。なぜ、税金を集める人がそんなに嫌われていたのでしょうか。

当時、ユダヤの国家はローマ帝国に支配され、税金は全部ローマ帝国へ持っていかれていました。神の民として非常に誇り高いユダヤ人が、税金を取られ、それを罪人の国ローマに持っていかれる、そのローマの手先として、同胞のユダヤ人から税金を集め、しかも多く集めて私腹を肥やしている徴税人は、まさに売国奴、非国民、ローマの犬だったのです。ユダヤの社会では本当に嫌われていました。

レビは、その徴税人の一人でした。お金があれば、人生なんとかなる、友だちなんかいらない、お金があれば人生幸せに生きられると考えて、この仕事を選んで、生活していました。たしかにお金は貯《た》まりました。でも、彼には本当の友人が誰もいないのです。心にはいつも孤独感があります。さみしさがあります。希望がないのです。誰からも愛されないし、誰からもほめられないし、誰かの役に立っているわけでもなく、誰も彼を必要としていません。友だちは彼のお金だけを必要として寄ってきます。レビは暗い思いを抱いて、座っていました。

そこを通りかかったキリストは、レビを見つめられます。そして孤独とさみしさの中にいるレビに、声をかけられるのです。

「わたしに従ってきなさい」

そう、ありのままのあなたでいい。そのままのあなたでいい。私に従ってきなさい。でも、私に従うとき、あなたはあなたの過去のすべてを捨てるのだ。私に従って新しい命を生きるのだ。その決意を持って、私に従ってきなさい。あなたはもっと幸せになれる。あなたは本当の命、永遠の命を生きることができる。すべてを捨てて、そのままでいいから、私に従ってきなさい。私があなたを変えてあげる。

聖書によると、レビはキリストに従ったとあります。徴税人という職業を捨てて、立ち上がってキリストに従いました。そしてレビの家で、レビの復活、新生のパーティーが開かれました。そこに、たくさんの徴税人、たくさんの罪人と呼ばれる人たちが集まってきたのです。

罪人というのは、犯罪者という意味ではありません。聖書でいう罪人とは、宗教的なことに対してルーズな人たちでした。ユダヤ人は週に二日断食し、毎日三回（九時、一二時、三時）神殿に上って、お祈りしていました。まじめなユダヤ人たちは、そういうことをしないルーズな中途半端なユダヤ教徒たちのことを、罪人と呼んでいたのです。さあ、その時代のまじめなユダヤ人たちが、現代の私たちの生活を見たら、どう思うでしょうか。私たちがクリスチャンとして忠実に生きているかどうかチェックされたら、ほとんどの人たちが罪人と呼ばれてしまうかもしれません。

徴税人というのは、こういう宗教的な集会に参加することは許されない、村八分の存在でした。そういう罪人たちがキリストの周りにたくさん集まり、レビの生まれ変わりをみんなで祝っていたのです。まじめな人々は問いました。「なぜイエスはこの罪人たちと一緒に食事をするのか」と。

まじめなユダヤ人は、徴税人と一緒に食事をすることはありませんでした。会話をすることもなく、同じ屋根の下に泊まることも絶対にありませんでした。でもキリストは喜んで、そういう人々のところに入っていったのです。希望を失った人々、孤独でさみしさを抱えた人々のところに入っていって、彼らと交わりました。そして宣言されました。一七節の言葉です。

「イエスはこれを聞いて言われた。『医者を必要とするのは、丈夫な人ではなく病人で

ある。わたしが来たのは、正しい人を招くためではなく、罪人を招くためである』」(マルコによる福音書二章一七節)。

医者を必要としているのは、本当の癒《いや》しを必要としているのは、自分が元気で健康だと思っている人ではない。自分は病んでいる、病気だと思っているその者を癒すために私は来た。

自分が罪人であると自覚している人は、自分が生きている道が外れていると感じている人です。自分の人生に違和感を持っている人です。罪とは的外れだということは、みなさんもお聞きになられたことがあると思います。「ハマルティア」というギリシャ語が、的を外すという意味になります。本当はこうではないはずなのに、自分はどうしてこんな生き方をしているのだろうか。どうしてこんな道を歩んでいるのだろうか。そのような違和感を強く感じている人々を招いて救うために、私は来たのだ。キリストはそう宣言されました。

レビはこのキリストに出会って、希望を得たのです。そして、彼はキリストの弟子になりました。キリストの一二人の弟子の一人になったのです。徴税人として、当時のユダヤ社会から落ちこぼれ、人々から嫌われていたこのレビが、一二人の弟子の一人になって、今度は人々をキリストのもとに連れてくる、人々を救う、そういう存在に変えられました。キリストの役に立ち、人々から愛され、人々からほめられ感謝され、そして必要とされる人材へと変えられていきました。キリストに従ったレビの決断は、まさに希望の決断でした。

今後はもう罪を犯さないように

キリストに出会って変えられた人を、もう一人ご紹介したいと思います。

「そこでイエスは身を起して女に言われた、『女よ、みんなはどこにいるか。あなたを罰する者はなかったのか。』女は言った。『主よ、だれもございません。』イエスは言われた、『わたしもあなたを罰しない。お帰りなさい。今後はもう罪を犯さないように』」(ヨハネによる福音書八章一〇、一一節、口語訳聖書)。

ここに登場する女は、姦淫の現場（日本語では不倫の現場で、といった方がわかりやすいかもしれません）で捕らえられた女でした。不倫の現場で捕らえられ、裸同然でキリストの前に突き出された女を前に、律法学者、ファリサイ人という超エリートが言うのです。「イエス様、あなたは普段愛だとか、許しだとか説いていますけれども、この女は不倫の現場で捕らえられました」

当時のユダヤ人にとって、三大犯罪というものがありました。一つ目は偶像礼拝です。ユダヤの一神教の世界の中で、偶像礼拝というのは許されない犯罪でした。二つ目は殺人者、三つ目は姦淫を犯す者、不倫をする者、あるいは不品行の者でした。聖書の中では、性的な関係というのは、結婚関係以外にはありえません。結婚前も結婚した後も、結婚相手以外に関係を持ってはいけないというのが、聖書の教えです。そして旧約聖書によれば、婚約中にほかの異性と関係を持った者は、石打ちの刑に定められていました。

この女性は、婚約していた男性がいたにもかかわらず、別の男性と関係を持ち、その現場で捕らえられました。屈辱感、罪責感でいたたまれず、死にたいと思う彼女の前で、律法学者、ファリサイ人が言うのです。「この女は石で打ち殺されてしかるべきです。石で打ち殺していいでしょうか」と。

キリストは彼らの問いに答えませんでした。聖書によれば、キリストはその問いに答えず、しゃがみこんで地面に何かを書いておられたとあります。

何を書いておられたのでしょうか。私たちの持っている日本語の聖書には、キリストが地面に何を書いておられたのかは書いてありません。しかし古いアルメニア語の写本に、キリストが地面に書いておられたことについての描写があるのです。なんと書いてあったのでしょうか。

キリストは、手に石を持ち、怒りをもって、その女を打ち殺そうとしていた人々の罪を地面に書いておられました。この女の罪を罰し、この女を殺そうとしているあなたに、この罪はないのか……と、彼らの罪を地面に書いておられました。

人々は、自分の罪が地面に書かれているのを見ます。隠していたはずの罪がそこに書かれているのを見たときに、人々は長老から始めて、みんなそこに石を置き、立ち去っていきました。その後の会話です。もう一度読みましょう。

「そこでイエスは身を起して女に言われた。『女よ、みんなはどこにいるか。あなたを罰する者はなかったのか。』女は言った。『主よ、だれもございません。』イエスは言われた、『わたしもあなたを罰しない。お帰りなさい。今後はもう罪を犯さないように』」
（ヨハネによる福音書八章一〇、一一節、口語訳聖書）。

キリストは不倫を認めたわけではありません。まあ仕方がないよ、今回は大目に見よう、ということでは全くないのです。「もう二度と罪を犯してはならない」罪なのです。厳然たる罪なのです。でもキリストは、私もあなたに石を投げないと言われました。なぜでしょうか。

この言葉の背後に、キリストがこの地上に来られたもう一つの意味が隠されています。私もあなたに石を投げない。なぜなら私は、あなたの代わりに石を受けるために、この地上に来たのだから。私は今あなたを決して罰しない。なぜなら、やがて私は十字架において、あなたの代わりに罰せられて死ぬ。そのために私は来たのだから。

この言葉に、女の心に希望の光が灯りました。婚約しながら不倫をする、この彼女の心には、言い知れぬむなしさ、弱さがあったのだろうと思います。すべてが受けとめられて、私があなたの代わりに罰せられるから、あなたは行きなさい。もう二度と罪を犯すな。もう二度と神から離れるな。キリストはそう言われました。

女の中に新しい希望が生まれました。聖書の救い主イエス・キリストは、命を投げ出すほどに私たちを愛してくださっている、そのような救い主です。この救い主を通して初めて、私たちは希望を見いだすことができます。

私たちが知るべき知恵

「そのように、魂にとって知恵は美味だと知れ。それを見いだすなら、確かに未来はある。あなたの希望が断たれることはない」（箴言二四章一四節）。

私たちが本当に知恵を見いだしたときに、私たちの希望は断たれません。私たちの未来は断たれません。希望を持つことができるのです。では、私たちが知るべき本当の知恵とは何なのでしょうか。

「わたしたちは、十字架につけられたキリストを宣べ伝えています。すなわち、ユダヤ人にはつまずかせるもの、異邦人には愚かなものですが、ユダヤ人であろうがギリシア人であろうが、召された者には、神の力、神の知恵であるキリストを宣べ伝えているのです」（コリントの信徒への手紙一・一章二三、二四節）。

使徒パウロの言葉です。パウロにとって、私たちの魂を生かす、私たちの魂が美味だと感じるその知恵とは、イエス・キリスト、しかも十字架のイエス・キリストでした。この知恵を知るときに、私たちの希望は断たれることがありません。私たちには未来があるのです。このイエス・キリストをぜひ信じていただきたいと思います。

今からだいぶ前に、青森県でミス青森のコンテストがあり、一人の美しい女性が選ばれました。その女性は、銀行に勤める、声のきれいな方だったそうです。ミス青森に選ばれて銀行の仕事に戻ったとき、彼女の周りにたくさんの男性行員が集まってきました。彼女もいささか鼻が高くなり、高慢になっていました。

そんな彼女を見て、激しく嫉妬《しっと》した友人がいました。同じ銀行に勤める親友です。

その友人は、心の内に芽生えた嫉妬の炎を消し去ることができませんでした。ある日、その親友は、ミス青森に選ばれた彼女を、遊びに行こうと誘いだし、彼女の顔に硫酸をかけたのです。あっという間に顔が焼け崩れました。彼女は東京の警察病院に移送され、体中のやわらかい皮膚を顔に移植する手術が施されたのですが、元の美しさを取り戻せるわけもありませんでした。

やがて自分に硫酸を浴びせたのがその親友だったことを知ったとき、彼女の心にものすごい怒りと憎しみが生まれました。そして入院生活の中で、深い絶望感に襲われていったのです。自分は生まれてこない方がよかった。もう生きていたくない。鏡を見るのが、怖くて怖くて仕方がありません。失意と絶望の中で、入院生活を送っていました。

ある日、いつものように窓越しに外の景色を見ていると、十字架が見えたのです。いつも見ている景色だったのですが、その日は十字架が目に飛び込んできて、「十字架だ、教会だ」と思いました。そして、その十字架に引きよせられるように、教会に通い始めたのです。誰に誘われたわけでも、勧められたわけでもありません。ただ十字架に引かれて、教会に行きました。そして一番後ろの席に座って、毎週牧師の説教を聞いていました。初めは何を言っているのかわかりませんでした。何か別世界の話を聞いているような気持ちでした。ところが通い続けて、聞き続けているうちにだんだんわかってきたのです。

この世界にはすべてを造られた神様がおられる。その神様は愛の神様で、愛のご計画のゆえに、私たち一人ひとりに命を与えてくださった。ところが私たちは、この愛の神が、ご計画の中で与えてくださった自分の命を愛し、受け入れることができない。それゆえに苦しんでいる。

どうせ生まれるのだったら、もっときれいに生まれたかった。もっと賢く生まれたかった。もっと金持ちの家に生まれたかった。もっと背が高く生まれたかった。いろんな不平不満を言って、自分の命を感謝できない。受け入れることができない。それればかりではない。私たちはほかの人の命を受け入れることができない。あの人が憎い、あの人が妬《ねた》ましい。あんなやついなければいいのに。

自分の命を愛し受け入れることができないこと、これを罪と言う。他人の命を愛し受け入れることができないこと、これを罪と言う。そして人はこの罪のゆえに、苦しんでいる。

この罪の苦しみから解放するために、二千年前キリストはこの地上に来られて、十字架の上に死んで、すべての苦しみ悩みから、私たちを解き放ってくださった。キリストを信じるとき、人はこの罪の苦しみから解放されて、希望の人生を、新しい永遠の命を生きることができる。


彼女は、牧師のメッセージをそう聞きとっていったのです。

私もこの苦しみから解放されたい。私も新しい命を生きたい。彼女は牧師に願い出て、聖書研究を始めました。そして、一通りの勉強が終わって、バプテスマを受けるその朝、彼女は牧師の前に立ちました。

いつもでしたら、いくつかの質問がなされて、その質問にすべて「はい」と答えれば、はい洗礼、教会員、神の子と、こういう段取りになるのです。

しかしその日、牧師は彼女にこう言いました。「今日イエス・キリストを信じ、神の子になろうとするあなたに、私は多くのことは質問しません。ただ一つだけ、尋ねさせていただきます。あなたは、あなたの顔に劇薬をかけたあの友人をお許しになることができますか？」

これが、その日のたった一つのバプテスマの諮問《しもん》でした。

「あなたは、あなたの顔に劇薬をかけたあの友人をお許しになることができますか？」

教会員はその牧師の言葉を聞いて、ドキドキしながら彼女の後ろ姿を見ていました。その友人の一撃によって、彼女の青春、彼女の人生のすべてが台無しになってしまったことをよく知っていたからです。その友人を許すことができるのだろうか。問われた彼女自身、その質問を聞いた瞬間、顔が曇り、うつむいてしまいました。そして、なかなか顔をあげることができませんでした。

あまりにも彼女が長く沈黙するので、質問した当の牧師が、そう問うたことを一瞬悔いたそうです。これはあまりにも残酷な質問だったかもしれない。このような質問をしてはいけなかったのかもしれない。しかし……。

牧師は思い改めました。この一線を超えることができなければ、つまり彼女があの友人を許すことができなければ、彼女のイエス・キリストを信じるという信仰は全く無になってしまう。神様、どうか、あなたの愛を、恵みを、十字架の赦しを、彼女にはっきりともう一度示してください。牧師は必死に祈ったそうです。

やがて、長い沈黙のあとで、彼女はようやく顔を上げました。醜いひきつった顔でしたけれども、その顔は輝いていたそうです。彼女ははっきり言いました。
「私のような罪人でさえ、キリストによって赦され、救われたのですから、私も彼女を許します」

そしてその日、彼女はバプテスマを受け、本当に神の子になりました。

家に帰った彼女は、和歌山の刑務所にいるその友人に手紙を書きました。
「私は昨日まであなたを怨《うら》んでいました。憎んでいました。でも今日、私はイエス・キリストを信じて、新しい命を生きるようになりました。キリストは私を愛して赦してくださっています。ですから私は、あなたを許します。あなたを愛します」

刑務所で手紙を受け取った友人は最初、うそだと思いました。うそだ、この私を許せるわけないじゃない。愛せるわけないじゃない。きっと甘い言葉で私を誘いだして、復讐《ふくしゅう》しようとしているに違いない。友人は信じることができませんでした。

しかしその後、彼女は何通も何通も、神の愛を証しする手紙を、その友人に送り続けました。やがて刑務所の中で、友人の心も開かれていきました。そして、友人が刑期を終えて刑務所を出る日、彼女は友人を出迎えるために刑務所に赴《おもむ》きました。

友人が刑務所から出てきます。しばらく距離を取って二人は立ちつくし、見つめ合いました。やがて彼女の方から歩み寄って、二人は抱き合いました。そして大声で泣いたのです。それから二人は同じアパートに住んで、それぞれの新しい人生を始めたといいます。

キリストを信じて受け入れたとき、彼女の絶望の人生が希望の人生に変えられていきました。キリストの十字架にはその力があるのです。イエス・キリストは希望の主です。命の主です。このキリストを受け入れたときに、信じたときに、私たちは誰もが、希望と命の新しい人生を歩み始めることができます。

御子と結ばれている人

「その証しとは、神が永遠の命をわたしたちに与えられたこと、そして、この命が御子の内にあるということです。御子と結ばれている人にはこの命があり、神の子と結ばれていない人にはこの命がありません」（ヨハネの手紙一・五章一一、一二節）。

神が与える永遠の命というのは、キリストを通してのみ与えられる。キリストと結ばれている人にはこの命があるが、キリストと結ばれていない人にはこの命はないのだと使徒ヨハネははっきりと言っています。口語訳聖書には、「御子を持つ者はいのちを持ち、神の御子を持たない者はいのちを持っていない」とあります。イエス・キリストを信じ、イエス・キリストを受け入れた者、イエス・キリストと一つになった者に、永遠の命が始まるのです。希望が始まるのです。

今日もうひとたび、この希望の命を、新しい命を、ご自分のものにしていただけないでしょうか。神はそのことを願っておられます。私たちがどんな罪人であろうと、どんな弱い病人であろうと、キリストはこの命を与えたいと願っておられるのです。

平成一一年七月のことです。山梨県富士吉田市の一つの中学校の屋上から、一六歳の男女が飛び降りました。少年は即死、少女はかろうじて少年の腕の中で生き延びました。

少年が元暴走族のメンバーであったことから、警察は当初、シンナー乱用による衝動的自殺であると、この事件を見ていました。しかし、残された少女の証言から、事実がそうでないことが次第に明らかになっていきました。

少女は日頃から、両親や大人との関係がうまくいかず悩んでいました。そして少年に繰り返し、「死にたい」「死んじゃいけない」と打ち明けていたのです。少年は、そんな少女を慰め、励まし、支え続け、「死ぬ」と言い続けてきました。

しかしその日、母校の屋上に上った少女はこう言いました。

「私もうだめ。今日はここから飛び降りて死ぬ」

少年は、「わかった。じゃあ、俺も一緒に死ぬ」、そう言って、手に手を取って、屋上から飛び降りたのです。しかし、少年は空中で手を引きよせ、少女を抱きしめました。そして体を反転させ、自分は背中から地面にたたきつけられました。その少年の体がクッションとなって、少女は助かったのです。

空中で、地面にたたきつけられる直前、少年は少女に向かって叫びました。

「生きろ！」

この言葉が少女の耳に、そして心に残りました。少女は生き続けるしかないのです。


二千年前、私たちの救い主イエス・キリストは、天からこの地上に飛び降りてこられました。そして、私たちの悩みのすべてをごらんになり、私たちの心にある孤独もさみしさも罪責感も自己嫌悪も、すべてをごらんになって、それらすべてを背負って十字架に死なれました。そして、こう言われたのです。

「私があなたの代わりに死ぬから、あなたは生きろ！」


ここに私たちの希望があります。このキリストの「生きろ！」という言葉を今日、もうひとたび受けとめてほしいのです。

あなたは、イエス・キリストの身代わりの死、恵みの死を受け入れて、希望の道を行きたい、永遠の命を受けたい、永遠の命を生きたいと望まれますか。この命を自分自身のものとして生きたいと望まれますか。この命を自分の家族や友人にも証ししたいと望まれますか。

主は今日、私たちが新しい命を、永遠の命を、希望の命を生きることを望んでおられます。

愛の決断

永遠の命、それは私たちが活き活きと幸せに生きる命だとお話ししました。この命は、私たちの考えを少し変えたら、得ることのできるような命ではありません。私たちの内から出てくる命でもありません。この命は、神から与えられるまったく新しい命なのです。イエス・キリストを信じ、イエス・キリストにすべてをゆだね、イエス・キリストにすべてを明け渡す決断をしたときに与えられるすばらしい霊的な命、それが永遠の命です。

神は、私たちすべてにこの命を与えたいと願っておられます。

こんな私も幸せです

東北に一つの家族がいました。裕福な家族でした。幸せな生活が続いていたある日、その家庭に一人の女の子が生まれ、「文子《ふみこ》」と名付けられました。

しかし、その子が生まれたときから、家庭が暗くなりました。女の子は生まれながらに障害を持っていて、動くことができなかったのです。寝たきりの生活でした。母親は、子どもをこのように産んでしまったという罪責感にかられて、暗くなりました。まったく動けないこの女の子は、学校に通うこともできませんでした。一六歳になったとき、その学力は小学校二年生程度だったといいます。

そんな彼女のもとに、近くに住んでいたクリスチャンが訪ねてきて、聖書の話をしてくれたのです。

「この世界には、すべてを造られた神様がおられるんだよ。その神様は愛の神様で、神様は愛をもって、文子ちゃんにも命を与えてくれた。そして、文子ちゃんが永遠の命を生きるために、二千年前、神の子イエス様がこの地上に来られて、十字架にかかって、すべての問題を解決してくれたんだ。このイエス様を信じたときに、文子ちゃんの内に新しい命が始まる。そして、永遠に終わりのない命を生きることもできるんだよ」

ほとんど物事を理解することのできなかった文子ちゃんでしたが、この聖書の話はよく理解できました。キリストのことも、神の愛もよくわかりました。そして病床でバプテスマを受けたのです。文子ちゃんは新しく生まれ変わりました。その変わった文子ちゃんの姿を見て、お母さんも変わりました。明るくなったのです。
一六歳のクリスマスの日、文子ちゃんは大好きなおじいちゃんに向けて一つの詩を書きました。彼女自身は書くことができなかったので、言葉でしゃべってお母さんが書きとめた詩です。ご紹介します。

「クリスマスおめでとう」

クリスマスおめでとう。
おじいちゃん、クリスマスおめでとう。
イエス様がお生まれになったので、こんな私も幸せです。
私のことをいつも憂《うれ》いていたお母さん、私を恥じて語らなかったお母さん。
私は悲しく思いました。
でも、この頃のお母さんは本当に明るくなりました。

神様の証にきっと私のことを語ります。
「私はこの子を抱いて暗いさみしい旅を続けました。
喜びも、望みもない暗いさびしい旅でした。
その旅で、やさしいイエス様に会いました。
それからは、いつも優しいイエス様と一緒です。
神様は生きておられます」
お母さんは一つ覚えに語ります。
私のことで神様の御名があがめられるならば、今日も明日も語ります。
お母さんは語ります。
神様は生きておられます。
神様は愛してくださいます。
イエス様、ありがとう。
イエス様がお生まれになったので、こんな私も幸せです。

キリストが二千年前、ベツレヘムにお生まれになったので、キリストが今私の心の中にお生まれになったので、こんな私も幸せです。

彼女の体が癒《いや》されたわけではありません。状況が変わったわけでもありません。しかし、イエス・キリストが救い主として心の内に生まれたときに、彼女は永遠の命を得たのです。彼女は幸せでした。活き活きと明るくなりました。そうです。神は今日、私たち一人ひとりの心の中に、このキリストを誕生させたいと願っておいでになるのです。

今日は台風の中、この講演会に車でやってまいりました。外はものすごい風、雨ですが、車の中は風も雨もなく、平和でした。状況がどうであろうと、私たちの生きている現実がどうであろうと、キリストが心の中に生まれたときに、私たちの心の中に平和が与えられます。平安が与えられます。喜びが与えられるのです。永遠の命が与えられるのです。今日、その命を与えたいと神は祈っておられます。

神の内にとどまる

「わたしたちは、わたしたちに対する神の愛を知り、また信じています。神は愛です。愛にとどまる人は、神の内にとどまり、神もその人の内にとどまってくださいます」(ヨハネの手紙一・四章一六節)。

聖書の中には、しばしばこのような言葉が出てきます。私たちも神の内にあるならば、神も私たちの内にいてくださいます。私たちが神の愛のうちにとどまり、神が私たちの内にとどまってくださらなければ、私たちは本当の命を生きることができないのです。

ちょっと考えてみましょう。私たち人間が生きることができる場所はどこでしょうか。私たちは、この地上、そして空気の中で生きることができます。もし大気圏を飛び出してしまったら、たちまち私たちの命は断たれます。水の中にもぐれば、五分は生きられるかもしれませんが、やがて死んでいきます。私たち人間は空気の中に生きて、初めて生きることができるのです。では、空気の中にいれば生きることができるかというと、そうではありません。口を閉じて鼻をつまめば、やはり息ができません。空気が私たちの内に入って初めて、私たちは生きることができるのです。空気の中にいて、空気が内に入って初めて私たちは生かされます。

神の愛の内に私たちがとどまり、神が私たちの内にとどまったときに初めて、私たちは本当の命、永遠の命を生きることができるのです。多くの方々が、神の愛の内にいながら、時々口を閉じ、鼻をつまみ、神を内に入れないで、苦しみながら生きていることがあります。クリスチャンだと自称しながら、なお平安と喜びが得られない。それは、神がその人の内に入っていないからです。

神は愛です。私たちをその手の内に包み、そして私たちの内に住みたいと願っておられます。ヨハネはこの愛の神を、キリストを通して内にいただきました。私たちが信じる神は、私たちを愛してくださり、なんとか本当の命を生きてもらおうと願っておられます。

つよし君は中学校に行き始めた頃から、学校に行けなくなりました。いわゆる不登校です。学校に通えなくなったつよし君は、本当に苦しみました。中学校を卒業すると、もう学校には行きませんでした。時々アルバイトに出かけていっても、人間関係がどこでもうまくいかず、仕事は長続きしません。彼は家に閉じこもります。外に出るのは、ゴーカートを楽しむときだけでした。

そんな彼を支えていたのが、精神科医の森下一《はじめ》先生でした。彼は、森下先生に支えられながら、その重たい暗い青春を過ごしていたのです。

ある日、森下先生のクリニックに予約もなしにいきなり、つよし君がやってきました。そして、クマの顔がついたキーホルダーをひょいっと差し出したのです。

「先生、これ僕の記念や。取っといて。今まで僕みたいな人間を人間扱いしてくれてありがとね」

そう言って、帰っていきます。その後ろ姿を見た瞬間、森下先生は「危ない！」と直感し、すぐにお父さんに電話をかけました。

「お父さん、ごめん。もう僕の力じゃ限界や。あとはお父さんだけが頼りや。お父さん、頼むで。お父さん、つよし君今晩死ぬで」

受話器の向こうでうなずく気配がありました。はたしてその晩、つよし君はお父さんの目の前でガソリンをかぶり、ライターを握りしめたのです。

お父さんは、じっとその息子の姿を見ていました。そして決意を持って、ライターを握って自分をまっすぐ見ている息子に向かって、静かに歩き始めたのです。息子を抱きしめました。力いっぱい抱きしめました。お父さんの体にもガソリンがしみてきます。しかし、お父さんは息子に向かって叫んだのです。

「つよし、火をつけろ！　俺も一緒に死ぬ」

予想もしない父親の言葉でした。つよし君はお父さんに抱きしめられたまま、動けなくなりました。体が震えて、泣き出します。大声で泣きました。お父さんも声を上げて泣きました。やがて、つよし君はライターを床に落としました。

次の日、つよし君は森下先生に手紙を書きました。

「僕は今まで自分は生きる価値のない人間だと思ってきた。生きていても仕方のない人間だと思ってきた。でも昨日、父は僕と一緒に死ぬと言ってくれた。僕は初めて、自分が生きていてもいい人間なのだとわかった」

この日、つよし君は見事に立ち直りました。そして、やがて社会復帰していきます。愛されていることがわかったからです。


私たちの真の父である天の神は、私たち一人ひとりを抱きしめて叫ばれます。

「わたしがあなたと共に死ぬ。あなたを愛しているからだ」

神は一番大切な独り子、御子イエス・キリストを、私たちの救いのために与えてくださいました。

「生きろ、新しい命を生きろ。永遠の命をあなたに生きてほしい」

その犠牲をいとわないのが、聖書の神です。


どれくらい愛してくれているの？

「神は、独り子を世にお遣わしになりました。その方によって、わたしたちが生きるようになるためです。ここに、神の愛がわたしたちの内に示されました。わたしたちが神を愛したのではなく、神がわたしたちを愛して、わたしたちの罪を償ういけにえとして、御子をお遣わしになりました。ここに愛があります」（ヨハネの手紙一・四章九、一〇節）。

神が私たちを愛してくださっていることは、どうやってわかるのでしょうか。愛してくれている割には、あんまり幸せじゃないけど、愛してくれている割には、いろいろ問題がありすぎるけれど……と思うことがあります。神の愛はどこで知ることができるのでしょうか。

ある子どもの賛美歌の中で、男の子が聞きます。

「イエス様、ぼくのことどれくらい愛してくれているの？　これくらい？　これくらい？　これくらい？」

イエス様は静かに両手を広げて答えられるのです。

「その手のひらに　くぎを打たれて

十字架にかかってくださった」（『キッズフレンズ』六〇番参照）

神の愛は、キリストの二千年前の十字架の事実の中に、はっきりと示されています。

私たちが人生の苦難の中で、神の愛を見失うようなことがあれば、もうひとたび十字架を仰ぐべきです。十字架のキリストに目を向けるべきです。父なる神は、どれほどの愛をもって私たちを愛してくださっているでしょうか。

「神様が死んだのじゃなくて、イエス様が、神の子が死んだのでしょ?」

時々そう言う方がいらっしゃいますが、親にとって、自分が死ぬことと子どもが死ぬことと、どっちが辛いでしょうか。私にも子どもが二人います。孫も二人いるのですが、子どもや孫が病気で苦しむよりは、自分が苦しんだ方がよっぽどいい、子どもや孫が死ぬよりは、自分が死んだ方がよっぽどいいと思うのです。

サルバドール・ダリが描いた十字架の絵があります。十字架を上から描いたキリストの十字架です。神は天上から十字架を見て、キリストの、独り子の死を見て、どれほど痛み、苦しんでおられたでしょうか。自分が代わりたいと思うほど、父なる神は苦しんでいたはずです。私たち人間をなんとか永遠の命へ取り戻そうと、神はご自身でその痛みを受けられました。神は私たちを愛して、私たちの罪を償ういけにえとして御子をおつかわしになりました。ここに愛があります。この愛をしっかりとらえたいと思います。

すべてが支払われた

東北に、父親と娘だけの小さな家族がいました。幼いときに母親を失い、その娘はずっと父親に育てられてきました。仲の良い家族でした。やがて、父親は定年退職し、退職金をもらって、将来娘がこの家に住んだらいいなと思うような美しい小さな家を建て、二人でしばらくそこでの生活を楽しんでいました。

ところがある日、娘が忽然《こつぜん》と消えてしまうのです。八方手を尽くして行方を探すのですが、わかりません。父親は心配で心配で仕方がありませんでした。

そんなとき、あちこちからたくさんの請求書が舞い込んできました。なんだろうと思いました。娘あての請求書です。やがて一枚のはがきが届きました。

「お父さんごめんなさい。友だちの借金の保証人になって、友だちが借金を返せなくなったので、保証人の私が全部払わなければいけなくなってしまいました。でも、とても払える額じゃなかった。今東京に身を隠しています。どうか探さないでください。

私のことは忘れてください」

そのハガキで、父親はすべてを悟ります。彼は一晩中眠ることができませんでした。そして次の日、父親は建てたばかりの家を売る手続きをしたのです。その家を売って、借金の大半を返しましたが、まだ借金は残っています。父親は娘の代わりに朝も昼も夜も働いて、その借金を返し続けたのです。七年たってようやく最後の借金を払い終えたとき、父親はようやく行方の知れた娘に手紙を書きました。

「娘よ、安心しなさい。あなたの借金はすべて私が支払った。もうあなたは自由だ。いつでも帰っておいで」

その手紙をポストに投函して三日後、父親は息を引き取りました。過労死でした。老骨に鞭《むち》を打って働いたその七年間のツケを、父親はその死をもって支払ったのです。

十字架上のキリストの言葉の一つに、「すべてが終わった」という宣言があります。ギリシャ語で「テテレス・タイ」という言葉です。新共同訳聖書では「成し遂げられた」と訳されています。これは、すべてが支払われたという意味の言葉です。

二千年前、市場で売られている奴隷についている値段を誰かが肩代わりしてすべてを支払い、その奴隷を自由にしたときに、「テテレス・タイ」という宣言がなされました。すべてが終わった。すべての借金は完済された。そして奴隷に自由が与えられたのです。

キリストが十字架で死んだとき、神に対する私たちの罪のすべての借財が見事に支払われたのです。

「私たちの罪を償ういけにえとして、御子をおつかわしになりました」

私たちの一切の罪が「テテレス・タイ」、償われたのです。支払われたのです。すべてが終わりました。私たちは自由になりました。私たちの内に永遠の命が与えられます。ただ、この十字架のキリストを私の救い主として受け入れるかどうか、信じるかどうか、それだけが問われています。神は愛をもって私たちを自由にし、私たちに永遠の命を与えようとしてくださっています。

ペトロはキリストの一番弟子でした。キリストの側近中の側近で、いつもキリストと共にいました。初めてキリストに向かって、「あなたこそ生ける神の子キリストです」というキリスト告白をしたのも、この男でした。そしてキリストが、自分はやがて捕らえられるとおっしゃったとき、彼は言いました。

「もしあなたが捕らえられることがあったら、私も一緒についていきます。あなたが死ぬのなら私も一緒に死にます」

一生懸命キリストを愛そうとした男でした。ところが、この男が土壇場でキリストを裏切るのです。

キリストが捕らえられ、大祭司の庭で裁きを受けていました。サンヒドリンというユダヤの会議です。ペトロはこっそり覗きに行きました。そしてキリストはどうなるんだろうと心配していると、そこにいた人から「お前もあの人の仲間だろう」と言われます。しかしペトロは、「知らない！　あんな男知らない！　関係ない」と三回拒否したのです。

聖書には「三回」「三度」といった数字が出てきますが、これは、「決定的に」という意味です。一回や二回なら、ちょっと心の迷いがあってと言い訳ができるのですが、三回繰り返すということは、決定的に宣言する、断言するということなのです。

ペトロは事前にキリストに言われていました。

「あなたは、鶏が鳴く前に三回、わたしのことを知らないというだろう」と。

「まさか！　そんなことありません」。そう答えたペトロでしたが、やっぱり裏切ってしまったのです。その場面の聖句をお読みします。

「だが、ペトロは、『あなたの言うことは分からない』と言った。まだこう言い終わらないうちに、突然鶏が鳴いた。主は振り向いてペトロを見つめられた。ペトロは、『今日、鶏が鳴く前に、あなたは三度わたしを知らないと言うだろう』と言われた主の言葉を思い出した。そして外に出て、激しく泣いた」（ルカによる福音書二二章六〇～六二節）。

クリスチャンでありながら、牧師でありながら、キリストのそばにいながら、キリストのことを知らないと告白する人がいます。たくさんのクリスチャンが教会を離れていきました。あれほどまでの信仰をもってキリストを信じたはずなのに、神の愛を受け入れたはずなのに、今は神からもキリストからも遠いところにいる。また、ある者は教会の中にいながら、心はキリストから離れている。ある者は牧師と名乗りながら、キリストから離れ、背を向けている。悲しい現実があります。そんな者に対して、神の愛はどう働くのでしょうか。神はなおもその人を愛してくれるのでしょうか。

ペトロの物語は、それを明確に語っています。「お前もあの人の仲間だろう」と言われたペトロは、「あなたの言うことはわからない」と答えました。こう言い終わらないうちに突然、あの予告された鶏が鳴きました。

その時です。主はふりむいてペトロを見つめられました。鶏が鳴いた瞬間、裁判を受けていたキリストがこちらをふりむいて、裏切ったペトロを見たのです。二人の視線が合いました。ペトロはどきっとしました。

「やってしまった。こんなはずじゃなかったのに」

キリストはどんな視線でペトロを見つめられたのでしょうか。

キリストの物語を描いた『各時代の希望』という私の大好きな本の中に、こう書いてあります。

「救い主はしかめつらの裁判官たちの前からふりむいて、このあわれな弟子をまともにごらんになった。同時にペテロの目は主にひきつけられた。そのやさしい顔つきのうちにペテロは深いあわれみと悲しみとを読んだが、怒りのかげはなかった。青ざめた苦難の顔、ふるえる唇、あわれみとゆるしの顔つき、――そうした光景がペテロの心を矢のように刺し通した」

ふりむいたキリストの顔、それは優しく深い憐れみと悲しみに満ちていました。青ざめたその顔、震える唇、しかしそれは彼を裁き、彼を憎み、彼を軽蔑するようなものではありませんでした。

「やってしまったね。でも、それでもわたしはあなたを愛している。帰っておいで」

ペテロは外に出て激しく泣きました。キリストに憎まれたから、軽蔑されたから、ののしられたから泣いたのではないのです。もうすでに赦されたから、愛されているから泣いたのです。

今日の私たち一人ひとりに対する神のまなざしも、そのまなざしです。同じまなざしを持ってキリストは、そして父なる神は、私たちをふりむいてごらんくださいます。

キリストはそのペトロのために、十字架にかかりました。
「ペトロ、わたしがあなたの代わりに死ぬ。あなたの裏切りをすべてわたしが引き受けて、ここにペトロの罰を受ける」

そして予告通り、彼は三日目によみがえりました。そしてペトロに会うのです。食事の後に、キリストはペトロを呼び、こう問われます。
「ヨハネの子シモン、あなたはわたしを愛するか。わたしはあなたのために十字架に死んだ。わたしはあなたを愛している。シモン、あなたはわたしを愛してくれるか。あなたはわたしを裏切った。わたしを捨てた。でも、そのあなたのためにわたしは死んだ。あなたの罪は赦された。すべては終わった。あなたはわたしを愛するか」

「わたしを愛するか」

三度裏切ったペトロに、キリストは三度「わたしを愛するか」と問われます。

「三度目にイエスは言われた。『ヨハネの子シモン、わたしを愛しているか。』ペトロは、

イエスが三度目も、『わたしを愛しているか』と言われたので、悲しくなった。そして言った。『主よ、あなたは何もかもご存じです。わたしがあなたを愛していることを、あなたはよく知っておられます。』イエスは言われた。『わたしの羊を飼いなさい。はっきり言っておく。あなたは、若いときは、自分で帯を締めて、行きたいところへ行っていた。しかし、年をとると、両手を伸ばして、他の人に帯を締められ、行きたくないところへ連れて行かれる。』ペトロがどのような死に方で、神の栄光を現すようになるかを示そうとして、イエスはこう言われたのである。このように話してから、ペトロに、『わたしに従いなさい』と言われた」（ヨハネによる福音書二一章一七～一九節）。

「わたしは命がけで、文字通り命がけであなたを愛している。あなたはわたしを愛するか」

今日、キリストは一人ひとりに問われます。

「愛してくれるか。もしあなたがわたしを愛するならば、あなたの周りにいるわたしの羊を愛してほしい。今まで、あなたは好きなように自分勝手に生きてきた。でも、わたしを愛するならば、わたしの導くような、そのような人生へと方向を変えてほしい。あなたの思うような人生ではないかもしれないけれども、必ずわたしが修復する。わたしの示す方向へあなたの人生の舵を切ってほしい。わたしに従いなさい」

今日、この愛の招きに私たちは何と答えるでしょうか。愛の決断が求められていま す。キリストの愛に対する私たち自身の愛の決断が、今日求められています。

「あなたはわたしを愛するか?」

キリストに問われたとき、ペトロは隣にいるヨハネを見て言いました。

「先生、あの人はどうなのですか? 私にだけ迫るけど、あの人はどうなのですか?」

「たとえわたしが、わたしが再臨するときまであの人が生きることを願ったとして、それがあなたに何の関係があるか。あなたはわたしに従いなさい」

「あなたはわたしを愛するか?」という言葉は、個人的な問いです。一人ひとりに向けられた個人的な、決定的な問いです。

「わたしはあなたを愛している。わたしは十字架であなたのために命を捨てた。あなたも、わたしにその命を捧げてくれるか」

この問いに今日、一人ひとり答えていきたいと思います。

二〇〇八年のことでした。中国の四川《しせん》省を大きな地震が襲い、七万人もの方々が命を失くしました。救助隊が駆けつけたときには多くの家が崩壊していました。それでも中に誰か生きているのではないかと、救助隊は屋根をひっくり返して、懸命に生存者を捜していました。

ある家の屋根をはがすと、一人の母親が死んでいました。明らかに死んでいたので、救助隊は次の家に行こうとしました。しかし、一人の救助隊員が戻ったのです。その母親の格好が非常に奇妙だったからです。彼女は、犬のように四つんばいで死んでいました。

何かおかしいと思って、母親のおなかの下に手を差し入れると、温かい体温が感じられました。びっくりして母親を動かすと、生まれてまだ三〜四か月の男の子の赤ちゃんが、すやすやと寝息をたてて寝ていたのです。びっくりしました。地震が起きたとき、母親はこの子を救うために、その上に四つんばいになり、その背中ですべての重荷を負ったのです。母親の右手には、携帯電話が握られていたそうです。その電話に最後のメールが残されていました。

「私の大切な赤ちゃん。もしあなたが生き延びたら、絶対に、絶対に忘れないでほしい。私がどれほどあなたのことを愛していたかを」

神は私たちを救うために、一番大切なものを投げ出してくださいました。永遠の命を一人ひとりに与えたいからです。この愛に答えて、私たちも愛を差し出したいと思います。

「神は、その独り子をお与えになったほどに、世を愛された。独り子を信じる者が一人も滅びないで、永遠の命を得るためである」（ヨハネによる福音書三章一六節）。

神は、その独り子イエス・キリストをあなたに与えるほどに、あなたを愛されました。御子イエス・キリストを信じるあなたが、滅びることなく永遠の命を得るためです。

たとえ私たちが信じた後、神を裏切り、キリストを裏切ることがあったとしても、すべてをご存じの神は、キリストは、私たちを必ず赦してくださいます。何度でも赦してくださいます。キリストのもとに帰るのをあきらめないでください。家族や友人が、キリストのもとに帰るのをあきらめないでください。祈りつつ、私たち自身の心をキリストにいつもお捧げしていきたいと思います。

三つの愛のメッセージ

三天使のメッセージ

（ヨハネの黙示録14章6～12節）

第一天使のメッセージ

わたしはまた、別の天使が空高く飛ぶのを見た。この天使は、地上に住む人々、あらゆる国民、種族、言葉の違う民、民族に告げ知らせるために、永遠の福音を携えて来て、大声で言った。「神を畏《おそ》れ、その栄光をたたえなさい。神の裁きの時が来たからである。天と地、海と水の源を創造した方を礼拝しなさい。」

第二天使のメッセージ

また、別の第二の天使が続いて来て、こう言った。「倒れた。大バビロンが倒れた。怒りを招くみだらな行いのぶどう酒を、諸国の民に飲ませたこの都が。」

第三天使のメッセージ

また、別の第三の天使も続いて来て、大声でこう言った。「だれでも、獣とその像を拝み、額や手にこの獣の刻印を受ける者があれば、その者自身も、神の怒りの杯に混ぜものなしに注がれた、神の怒りのぶどう酒を飲むことになり、また、聖なる天使たちと小羊の前で、火と硫黄で苦しめられることになる。 その苦しみの煙は、世々限りなく立ち上り、獣とその像を拝む者たち、また、だれでも獣の名の刻印を受ける者は、昼も夜も安らぐことはない。」

ここに、神の掟を守り、イエスに対する信仰を守り続ける聖なる者たちの忍耐が必要である。

キリストは、救いの力をもって、もう一度おいでになる。
この出来事に人類を備えさせるために
神は、第一、第二、第三天使の使命をお送りになった。
これらの天使たちは、
真理を受けて、力強く世に福音を宣べ伝える人たちをあらわしている。

（『ＳＤＡ聖書注解』第七巻九七八、九七九ページ）

三天使のメッセージは愛のメッセージです。
神は私たちを招いておられます。
「わたしと永遠に愛し合おう」と。

これは、日本人に向けた三天使のメッセージです。
亀甲山教会の講演会と礼拝で語ったものをまとめました。
限られた時間の講演で十分ではありませんが、
この愛のメッセージについてご一緒に考えてみましょう。

「神の愛の招きに応えよ。
イエス・キリストの十字架の赦しをあなたのものにしなさい。
神と永遠の愛の関係の中に戻っていきなさい」
聖霊は、私たちに語りかけます。

「永遠の愛への招き」〜第一天使の使命

この部では三回にわたって、「三天使のメッセージ」と呼ばれる、神がこの地球の歴史の最後に与えた三つのメッセージについて、ヨハネの黙示録から学んでいきたいと思います。初めて聖書の話を聞く方には少し難しいかもしれませんが、ご一緒に神様の深い愛を考えていきましょう。

まず第一天使のメッセージについて考えていきます。ヨハネの黙示録一四章六、七節のみ言葉です。

「わたしはまた、別の天使が空高く飛ぶのを見た。この天使は、地上に住む人々、あらゆる国民、種族、言葉の違う民、民族に告げ知らせるために、永遠の福音を携えて来て、大声で言った。『神を畏《おそ》れ、その栄光をたたえなさい。神の裁きの時が来たからである。

天と地、海と水の源を創造した方を礼拝しなさい』」

「神を畏れ、その栄光をたたえよ。神の裁きの時が来たからである」

この「神の裁きの時が来た」というメッセージが、永遠の福音だというのです。

永遠の福音

さて、福音とは何でしょうか。言葉としては何度も聞くことがあると思いますが、福音という言葉が持つ意味は何でしょうか。

福音は、英語では「Good News」「Gospel」、ギリシャ語では「ユウアンゲリオン」という言葉が使われます。

昔、ギリシャ軍とペルシャ軍が戦争をしていました。とても大きな戦争で、その最後の決戦の場が、マラトンという丘でした。マラトンの丘で最後の決戦が行われる……。アテネの町では、この戦いがどうなるのか、勝つのか負けるのか、人々はドキドキしながら、結果を待ち望んでいました。やがて、その最後の決戦で、ギリシャ軍がペルシャ軍を打ち破ります。ギリシャが勝ったのです。

そのとき、一人の伝令が選ばれて、マラトンからアテネまで走ります。その距離が、あの有名な四二・一九五キロ。マラソンの起源となっている距離です。アテネに入った伝令は、大きな声で叫んだのです。「勝ったぞー!」と。

この勝利の雄叫びが、「ユウアンゲリオン」なのです。喜びの訪れ、「Good News」なのです。聞いた人々が、思わず躍り上がって喜ぶようなニュース、誰かれとなくしゃべりたくなるようなニュース、それが福音なのです。

みなさんは福音を聞いておられるでしょうか。もし聞いていたら、絶対誰かに話したくなります。黙ってなんかいられないのです。それが福音なのです。アテネの市民たちは次から次へと、「勝ったぞ!」「勝ったぞ!」「勝ったぞ!」と伝え合いました。

第一天使のメッセージの福音は、「永遠の福音」です。「神の裁きの時が来た」というメッセージが、世のはじめから終わりまで鳴り渡る「Good News」だというのです。ついに神の裁きの時が来た。やったー。みんなそう思うというのです。

なぜ、この厳粛なメッセージが、喜びの訪れ、福音なのでしょうか。それが今日、みなさんと考えていきたいテーマなのです。

皆、神から命をいただいて生きています。

神はなぜ人間を創造されたのか

この問題を考えるにあたって、まず根本のところから考えていきましょう。私たちは皆、神から命をいただいて生きています。

さて、最初の問題です。なぜ神は人間を創造されたのでしょうか。すでに、たくさんの天使がいました。他世界にも住民がいると聖書に書かれています。それなのに、神はなぜ、さらに人間（私たち）を造られたのでしょうか。

それは第一に、神のご性質にかかわっています。私たちの信じる神、聖書の神は、愛の方だと書かれています。これは、愛に満ちた方とか、愛情深い方ということではありません。愛そのものなのです。そして愛は、必ず対象を求めます。愛する相手を求めるのです。孤独な愛というものはありません。愛は、必ず誰かに向かって発せられ、誰かに向かって流れていくのです、神は、その内にあふれる愛を誰かに与えたいと思われ、その対象として、人間を造られたのです。しかも聖書によれば、「人間は神のかたちに造られた」と記されています。

「神のかたち」とはどういうことでしょうか。最近ローマ法王が、神が世界の生物を進化するように造られたと発言しましたよね。ビッグバンも否定しません。進化して、私たちが今の人間になったと思わせるような発言をしています。

しかし聖書は、人間は初めから特別な存在、神のかたちとして神によって造られていたと言います。では、神のかたちとはどういうことでしょうか。犬や猫と何が違うのでしょうか。

この「かたち」という字を、あえて漢字で書くと、「像（イメージ）」という字になります。ラテン語ではイマゴデイという言葉が使われます。人間は神のイメージに造られた。人間には自由意志が与えられていた、主体性が与えられていた、神と交わる能力が与えられていたというのです。被造物の中で、人間だけが、神と交わる能力を与えられているのです。

皆さんも、犬や猫を飼っておられるかもしれませんが、クリスチャンの家庭に育った犬、猫は食前に祈るでしょうか。「待て」をすることはできても、祈る犬、祈る猫はいないですよね。

神と交わることができるのは人間だけなのです。人間だけが神に向かって祈り、神に向かって賛美を捧げ、礼拝を捧げることができるのです。これが神のかたちとしての人間でした。しかも人間には、自由意志、主体性が与えられているのです。なぜでしょうか。

神の望まれた愛とは、それぞれが自由意志を持ち、愛し愛される関係でした。自ら選んで神を愛すること、そのような道を、神は人間と共に、永遠に生きたかったのです。永遠の愛の関係の中に、人間を住まわせたい。喜びをもって、お互いの存在を感謝しながら生きる。そういう関係を神は望まれていたのです。

ところが人間は、その自由意志、その主体性のゆえに神に背を向けました。神に背き、罪に堕《お》ちたのです。そして、死ぬことがすべての人間の宿命になりました。人は、最初から死ぬように造られていたわけではありません。永遠に生きる存在として、神に期待されて造られたのですが、与えられた自由意志、主体性によって、神に背を向け、神から離れ、そして死ぬ定めを得たのです。

その人間に、神はもう一度、永遠に生きるチャンスを与えたいと思われました。それが人類の救済の計画です。

人類救済の計画はいつ立てられたのか

ところで、人類を救う計画は、いつ立てられたのでしょうか。

アダムとエバが、取って食べてはならないという木の実を食べてしまった。しょうがないな、なんとか救ってやろう……。そこで計画は立てられたのでしょうか。じつは、人類を創造されるずっと前から、永遠の昔に、神は人類を救う計画を立てておられたのです。

では神は、人間がやがて罪に堕ちて死ぬ定めになることをわかっていながら、人間を造られたのでしょうか。そうなのです。わかっておられたのです。

聖書によると、神が人間を造られたとき、「極めてよかった」とあります。人間は、神の創造の中でも最高傑作でした。その肉体も、その心も、その霊も、本当に健やかで、真っすぐでした。一点の曇りもない純粋な存在として人間は造られたのです。しかし、その人間がやがて罪に誘惑され、罪に堕ちていくことを神はご存じでした。でも神は、あえて人間を造られました。なぜでしょうか。永遠に愛し合うその対象を、神は求めておられたからです。

聖書の神には、いろいろな性質がありますが、よく、「我々の信じる神は全知全能の神である」と言います。

全知とは、どういう意味でしょうか。文字通り、すべてを知っておられるということです。私たち人間には見えないことも、神は全部知っておられます。

今日、私は青いネクタイをしていますが、それはみなさんもわかりますよね。でも何色の下着を着ているかはわからないでしょう。でも神はご存じです。今、私の心が何を考えているかもご存じです。「あの人寝てるな」とか、「喉《のど》が渇いたな」とか、私が考えていることを、みなさんはわからないと思いますが、神は全部ご存じです。

でも全知とは、それだけではないのです。全知全能の神。その神は、初めからすべてをご存じでおられる。これが全知の定義です。初めからすべてご存じなのです。なぜ神は、初めからすべてを知ることができるのでしょうか。それは、神が永遠の存在だからです。

永遠とは何でしょうか。はじめがなく、終わりがないということです。その永遠のはじめから、神がすべてをご存じである、これを全知と言います。例えば、私たちは明日のお昼に何を食べるか、まだわかりません。でも神はもうご存じです。なぜでしょう。神は時間を超越した永遠の存在だからです。

では、全能とはどういうことでしょうか。神が全能の方だということは、神にできないことはないということでしょうか。……本当にそうでしょうか。神に罪を犯すことはできるでしょうか。神は死ぬことができるでしょうか。

全能というのは、聖書的に言うと、神は、その望むことは何でもできるということです。神が望まれることで、神に不可能なことはない。何でもできる。これが全能の意味です。

全知の神は、人間が造られる前から、人間がやがて神に背を向け、罪を犯し、死んでいくであろうことをご存じでした。そこで、最初から救済の計画を立てたのです。人間の救いの計画。人間の罪の宿命からの解放の計画。それは何だったのでしょうか。

それは、イエス・キリストの十字架です。神の独り子が、罪人のために、この私のために、天の玉座から降りてこられ、人間の赤ん坊として生まれ、人間として育ち、そして人間の身代わりに十字架で死んでくださる。死なないはずの神が、死ぬために人間のかたちをとり、十字架にその命を捧げてくださる。その計画は最初から立てられていたのです。

そして二千年前、それが実行されました。

神がこの私のために死んでくださる。神がこの私を救うために、私の代わりに永遠の死を死んでくださる。そのことが実際に二千年前、あのゴルゴタの丘で成就しました。計画通り、予定通り、神のみ子は死んでくださったのです。すべての人類のためです。誰一人例外はありません。もう一度、人間と愛の関係を回復されるための計画が、永遠の昔に立てられ、二千年前に実行され、キリストはすべての人々のために十字架で死んでくださったのです。

では、すべての人間は救われるのでしょうか。すべての人間が、神との永遠の関係を回復できるのでしょうか。神の愛は無条件の愛、無償の愛でしょうか。イエス・キリストがあなたの代わりに十字架で死んだから、あなたは永遠の命を受けることができるのでしょうか。はい、そうです。

では、天国に行ったら、全人類がそこにいるのでしょうか。キリストは全人類のために死んでくださったはずです。だったらすべての人間が救われていいでしょう。アダムから始まって、キリストの再臨を生きたまま迎える者まで、歴史上のすべての人類が天国にいるのでしょうか。

そうではありません。なぜでしょうか。神が求めているのは、あくまでも人間との愛の関係なのです。神に背を向けた人間にもなお、もう一度永遠に共に生きようと、イエス・キリストは二千年前、十字架を通して手を差し伸べてくださいました。その手をしっかりと受けとめる者だけが、神との愛の関係に戻り、天国に行くことができるのです。

神の愛は無条件（無償）の愛か

神の愛は無条件の愛か。イエスです。しかし、ノーでもあるのです。キリストはすべての人のために死んでくださった。間違いなくその通りです。では、すべての人が無条件に救われていくのか。そうではありません。差し伸べられた神の救いの手を、信仰をもってしっかり握りしめた者だけが、再び神との愛の関係へと戻り、み国に戻ることができる、天国へ行くことができるというのが聖書の約束です。

「裁きの時が来た」という言葉を聞いたら、何をイメージするでしょうか。救いでしょうか、それとも滅びでしょうか。私たちは、「裁きの時が来た。あなたは神によって裁かれますよ」と言われたら、まず滅ぼされるというイメージを持ちます。「あなたのような罪人は、神によって裁かれるに決まってる」と言われたら、自分は滅ぼされると思うでしょう。だから「裁きの時」と聞くと怖いのです。

しかし、聖書における裁きは、滅びという言葉とイコールではありません。裁きとはむしろ、分けるのです。右側に羊、左側に山羊、この左右に分ける作業のことを裁きといいます。そして、イエス・キリストの十字架を信じる者にとって、裁きとは、右側に分けられ、神との永遠の愛の関係の中に、私たちが再び救われていくことを意味します。

ですから、「神の裁きの時が来た」という言葉を言い換えると、「イエス・キリストを信じるあなたの救いの時が来た」ということなのです。だから、永遠の福音なのです。しかもこの裁きは、キリストの再臨によってもたらされます。キリストの再臨の時から、私たちは全く変えられた存在として、神との愛の関係の中に戻っていくのです。全く変えられた存在。霊も心も身体も全く変えられた存在。教会では、これを栄化と言いますが、変えられた存在として、神との愛の関係に戻っていくことができるのです。だから、「神の裁きの時が来た。あなたの救いの時が来たのだ。神をほめたたえよ。神に栄光を帰せよ」。そう言われます。

詩編九六編一一節〜一三節に、次のようなみ言葉があります。

「天よ、喜び祝え、地よ、喜び踊れ／海とそこに満ちるものよ、とどろけ／野とそこにあるすべてのものよ、喜び勇め／森の木々よ、共に喜び歌え／主を迎えて。主は来られる、地を裁くために来られる。主は世界を正しく裁き／真実をもって諸国の民を裁かれる」

「主は来られる。地を裁くために来られる。だから天よ、喜び祝え、地よ、喜び踊れ」というのです。「いよいよ神の誠意が、神の愛が完結する時が来た。喜べ。踊れ。歌え、祝え」と。

神は、私たちすべてを救いたいと願っておられます。間違いなく本当に救いたいと願っておられるのです。この人類の中で、私がたった一人だけ罪を犯したとしても、私一人のためにイエス・キリストは十字架で死んでくださったはずです。誰も滅ぼしたくないのです。

その神が今日、私たちを招いているのです。「わたしと永遠に愛し合おう」と。私はあなたを愛している。だからあなたに命を与えた。あなたは私に背いて背を向けたけれど、それでも尚、私はあなたを愛している。そのしるしは、私の独り子の十字架の死だ。その流された血によって、その裂かれた肉によって、あなたの罪はすべて清算された。もう一度、私と愛の関係の中に生きよう。永遠の愛の関係の中に生きていこう。神は今日、私たちをそのように招いてくださっている。これが、第一天使のメッセージです。

誰が救われるのか

もう一度、考えてみましょう。誰が救われるのでしょうか。いったい誰が、神のみ名をほめたたえることができるのでしょうか。イエス・キリストの十字架を信じる者です。神の愛を信じる者です。神が私たちを愛してくださり、私たちと永遠に共に生きたいと願っておられることを信じる者。そして、私もあなた（神）と共に永遠に生きたい、あなたのみ手の中で永遠の命を楽しみたい、そう願う者が救われていくのです。

「信仰による義」という言葉がありますが、どういう意味でしょうか。エレン・ホワイトの言葉を少し読んでみたいと思います。「信仰による義とは何か。それは、人間の栄光を塵《ちり》にして、自分自身では何もできない人間に代わってなされる神の働きである」（『牧師への勧告』四五六ページ、英文）。

信じれば救われるということではなく、それ以前に、自分の救いのために何もできない私たちの代わりに、神が成し遂げてくださったすべての働きのことを、信仰による義、神の義というのです。自分で自分を救うことのできない私たち人間のために、神ご自身の独り子が十字架に架けられました。

「神の愛と言っても、十字架で死んだのは神様ではなく、キリストでしょ。あんまり神様の愛がピンときません」とおっしゃる方もいますが、子を持つ親ならば、親（自分）が死ぬのと、子が死ぬのと、どっちが気持ちが楽か、明らかですよね。自分が死んだ方がよっぽどいいのです。

サルバドール・ダリが描いたイエス・キリストの十字架の絵があります。ご存じでしょうか。あの絵は、十字架を上から見ているのです。キリストの十字架の光景は、下から描いたり、横から描いたりする絵が多いのですが、ダリのキリストの十字架の絵は、キリストを上から見ています。神の視線から見ているのです。

自分の独り子が、十字架によって救おうとしている人々から罵倒《ばとう》され、石を投げられながら死んでいく。それを、父なる神は天からじーっと見ておられるのです。どれだけ張り裂けるような胸の痛みを感じていたでしょうか。子どもが病気の時でさえ、親は痛みます。まして自分の子どもが目の前で死んでいく。殺されていく。その耐えがたい場面で、神はじーっと見つめているのです。

何のためにでしょうか。もう一度、私たち罪人と永遠の愛の関係に入りたいと願っておられるからです。神はそういう愛をもって、私たちを愛し、引き寄せてくださり、共に永遠に生きよう、共に永遠に住もう、そう私たちを招いてくださっているのです。

第一天使のメッセージに戻りましょう。

「神を畏れ、その栄光をたたえなさい。神の裁きの時が来たからである。天と地、海と水の源を創造した方を礼拝しなさい」

「神を畏れる」とは、怖がるという意味ではありません。全く違います。それは、あまりにも絶大な神の愛に震え、おののくことです。こんな私が愛されていいんですか。こんな私のために独り子イエス・キリストが死んでくださっていいんですか。こんな私のために独り子が死ぬことをあなたは許してくださるのですか。その愛、その恵みに畏れを抱くのです。

「その栄光をたたえる」。あなたこそ神、あなたこそ創造主。あなたは愛のゆえに私を造り、愛のゆえにイエス・キリストを十字架にほふり、そして愛のゆえに私たちとの永遠の関係を今日も待ってくださっている。

「神の裁きの時が来たからである」。あなたが神との永遠の関係に回復される時が来た。救われる日がやってきた。

神の裁きの時、救いの時が、もうすぐやってきます。私たちは神をたたえながら、神を畏れながら、神の愛を信じながら、その日を待ちたいと思います。

神を信じるとは何か

神を信じるとはどういうことでしょうか。それは、「天と地、海と水の源を創造した方を礼拝しなさい」ということです。

創造主を礼拝しなさい。創造主の前にひざまずきなさい。ひれ伏しなさい。この方だけがあなたに命を与え、この方だけがあなたを愛し、この方だけが、あなたを永遠の命に導いてくださる。この方を礼拝しなさい。私たちの主が、間もなくこの地上に戻ってこようとしておられます。

「サン・オブ・ゴッド」というイエス・キリストの生涯を描いた映画が昨年公開されま

した。私はアメリカに行く飛行機の中で見ました。日本語訳はなかったのですが、非常に印象的なフレーズがありました。

それは、キリストが復活して空となった墓の前に走っていったヨハネとペトロの会話です。ヨハネがペトロに言います。

「Where he's gone?（彼はどこに行ってしまったんだ?）」

すると、ペトロが答えるのです。

「No」「He's back」

空になった墓を前にして、「キリストはどこへ行ってしまった?」と問うヨハネに、ペトロは「違う」「彼は行ったのではない。帰ってきたんだ」と言うのです。

そうです。キリストは間もなく帰ってこようとしておられます。二千年前、人間として生きたこの地上に再び帰ってこられるのです。何のためでしょうか。神の愛を信じ、神と共に生きることを願う者を救うために、間もなく帰ってこられるのです。

この福音を今日、共に信じていきましょう。そして、神の愛、神の用意された永遠の命、永遠の愛の関係を心から待ち望んでいきたいと思います。一人ひとりの心の中に聖霊が静かに語りかけてくださいますように。扉を閉めて、心を静かに、慰め主イエス・キリストの声を聴いていただきたいと思います。

「混迷からの解放」～第二天使の使命

次に、神が私たちを、人生の海の嵐からどのように解放しようとしてくださっているか、そして、その嵐の原因は何かということを考えていきたいと思います。

「また、別の第二の天使が続いて来て、こう言った、『倒れた。大バビロンが倒れた。怒りを招くみだらな行いのぶどう酒を、諸国の民に飲ませたこの都が』」（ヨハネの黙示録一四章八節）。

第二天使のメッセージと呼ばれるみ言葉です。

バビロン、大バビロンが倒れたとあります。じつはこれから倒れていくのですが、預言者的完了形、つまり、必ず倒れるので「倒れた」と聖書記者は表現しているのです。倒れていくバビロン。これはみだらな行いのぶどう酒を諸国の民に飲ませた都、ある種の組織です。そして根本的な原因です。その行為は神の怒りを招きました。

私たち人間に最大の関心を持ち、永遠の愛の関係を結びたいと、無限の恵みをもって私たちを包み込もうとする神に対して背を向ける。そのような精神、考え方、行動がバビロンであり、それが必ず倒れていくのです。

では、最後に倒れていくバビロン、滅んでいくバビロンとは何でしょうか。

バビロンとは何か

一八三〇年代、再臨運動が始まったアメリカで、多くの教会が再臨の真理を受け入れました。ところが、その真理を受け入れない教会もあり、人々は当時、それらの教会のことをバビロンと呼びました。「バビロンをいでよ。聖書の真理を受け入れない教会から出てこい。そして共に再臨を待とう」。そう言ったのです。

時代が移って一八六〇年代になると、安息日の真理が教会に示されました。そして、その安息日の真理を受け入れることのない教会に対して、人々はバビロンと呼びました。「聖書の真理を受け入れない教会、それはバビロンだ。バビロンは倒れていく。バビロンからいでよ」。これは、教会の歴史の中で語られてきた事実です。

しかし、バビロンの本質とはいったい何でしょうか。単に再臨や安息日を受け入れないことがバビロンなのでしょうか。

じつはバビロンの本質はもっと深いところにあります。そしてバビロンの精神は、私たちの内にあるのです。私たちの内にあるバビロンの精神――神に背を向け、神の愛に背を向ける精神――は、必ず滅び、倒れていく。だから、その思いから解放されなさい。

神はすべての人間を救いたい、永遠の命を与えたいと願っておられます。しかし、すべての人間が救われるわけではありません。キリストは全人類のために十字架で死んでくださいましたが、全人類が天国に行くわけではないのです。

誰が天国に行くことができないのでしょうか。誰が救われないのでしょうか。神がその独り子を十字架に渡すほどに私たち人間を愛し、救いたいと願ってくださっているのに、天国に行けない人がいるとすれば、それはどのような人でしょうか。どのような罪を抱えていたら、私たちは永遠の命を得、神が望んでおられる永遠の愛の関係に帰ることができないのでしょうか。

救われない罪とは何か

聖書は、究極の罪は何だと言っているでしょうか。

「人の犯すすべての罪は赦される。神を冒瀆《ぼうとく》するすべての言葉も赦される。でも、この罪だけは赦されない」とキリストは言われました。どの罪でしょうか。それは、「聖霊を拒む罪」です。

放蕩《ほうとう》息子は、父親を殺しました。「お父さん、あなたが死んだときに私が受け継ぐべき遺産を今ください」という言葉の背後に、「親父、早く死ね」という意味が含まれていると言われています。彼は、すべての思い出もすべての遺産も金に換え、できるだけ遠い国へと逃げ去っていきました。しかしその彼も、あの異邦の地で豚飼いに身を落としたとき、聖霊が「帰れ、家に帰れ」とささやきました。彼がその招きに応えて家に帰ったときに、父に無条件で受け入れられました。

パウロはキリストを信じる者を迫害しました。キリストの教会を迫害しました。ステファノを殺し、たくさんのクリスチャンを牢《ろう》にぶち込みました。でも彼も赦され、キリストの伝道者として立てられました。なぜでしょうか。あのダマスコの途上で出会ったキリストの招きを拒否しなかったからです。

私たちがもし天国に行くことができないとすれば、永遠の命を得、永遠の神との愛の関係に帰ることができないとすれば、それはただ一つ、私たちがその招きを拒否したときだけです。私たちが犯した、あれやこれやの罪のゆえに、永遠の赦し、永遠の命を得ることができないのではありません。十字架は、その罪のすべてを赦す力を持っています。しかし、その赦しを拒否したときに、私たちは神との関係に帰ることができないのです。

レビという男は、ユダヤの社会で大変嫌われていた徴税人という職業に身を置いていたために、ものすごい虚無感を抱いていました。実存不安です。自分のような人間が生きていてもいいのだろうか、死んだ方がいいのではないか。そんな孤独な思いを抱えながら、彼はそこに座っていました。ある日、キリストに招かれました。「わたしに従ってきなさい」と。

みんなから嫌われていた男です。でも、立ち上がり、キリストに従ったとき、彼は永遠の命を受けたのです。そして、キリストの一二人の弟子の一人になりました。

一方、富める若い役人は、キリストの前にひれ伏して尋ねました。

「主よ、どうしたら永遠の命を受けることができるのでしょうか？」

「聖書に何と書いてあるか？」

「殺すな、姦淫をするな、盗むな、偽証を立てるな、貪《むさぼ》るな。それらのことはみな小さいときから守っています。でも不安なのです」

「わかった。ならばあなたの持っているすべてを捨てて、ただわたしに従ってきなさい」

キリストは彼を招かれました。しかし彼は、その招きに応えることができなかったのです。彼は悲しい暗い顔をして立ち去ったと聖書は記しています。

キリストに招かれ、永遠の命に招かれながら、応える者と応えない者がいます。招きに応えるならば、どんな犯罪者であろうと、どんな過去を背負っていようと、誰もが赦しを得、永遠の命を得て天国に招かれるのです。しかし、どれほどまじめな生活をし、たとえ牧師という肩書を持っていたとしても、その本心においてキリストに従っていないならば、永遠のみ国に、神を礼拝するために上ることはできないのです。

「神の愛の招きに応えよ。イエス・キリストの十字架の赦しをあなたのものにしなさい。神と永遠の愛の関係の中に戻っていきなさい」

聖霊は、私たちすべてにそう語りかけます。でも、それを拒否するときに、人は救われることはありません。赦されない罪はただ一つ、聖霊を拒む罪だと主は言われました。なぜ人は聖霊を拒むのでしょうか。

罪の根本問題は何か

罪の根本問題とは何でしょうか。なぜ聖霊の招き、神の招きを拒否してしまうのでしょうか。神が、「あなたを救いたい。あなたを愛しているから、わたしと一緒に永遠の命を生きよう」と言っておられるのに、なぜ受け取ることができないのでしょうか。私たち罪人が抱えている根本的な問題とはいったい何なのでしょうか。最初の人類の物語に帰っていきたいと思います。

アダムとエバは、神によって神のかたちに造られました。そしてエデンの園に一本の木が置かれました。「善悪を知る木」です。私たちは時々考えます。「神様があんなものを置かなければ、人類は平和に神と仲良く生きていくことができたはずなのに」と。

しかし、人間は神のかたちに造られ、自由意志を持ち、主体性を持つ者として造られたがゆえに、その木は置かれなければならなかったのです。本当に心からの愛をもって、神を愛していることを、人間はその木から取って食べないことによって確認し続けなければなりませんでした。ところが、やがて人間は、その木から実を取って食べてしまうのです。

なぜアダムとエバは、あの実を取って食べたのでしょうか。ほかにたくさん食べるものがありました。おいしい果物がありました。でも、彼らはその木から取って食べてしまったのです。それはいったい何を意味しているのでしょうか。

サタンが彼らを誘惑しました。「お前たち幸せか？　本当に幸せか？」「お前たち自由か？　本当に自由か？」

私たちにも、いつも語りかけてくる言葉です。「お前は本当に自由なのか？　お前は本当に幸せなのか？」「もっと幸せになる道があると思わないか？　もっと自由になる道があると思わないか？」

あの放蕩息子にも語りかけた言葉です。「父親のもとにいて、お前は本当に幸せなのか？」「束縛されて本当に自由なのか？」「もっと自由になれよ。もっと幸せになれよ」「自分で好きな道を行った方がいいだろう。思い通りに生きろよ。幸せだぞ」

善悪を知る木とは、善と悪が何であるかをわきまえ知る知恵が与えられるという意味ではありません。そうではなく、何が善であり何が悪であるかを決定することができる権利を持つことを意味する実だったのです。いわゆる立法者です。

神が神であり、法を立てることができるのは神だけであるという世界から、自分が神になって、何が善であり何が悪であるかを決めることができる道に行け、というのがサタンの誘惑でした。そして、これが罪の本質なのです。

ドストエフスキーというロシアの作家は、「もし神がいなければ、すべてが許される」と言いました。「神がいなければ、すべて自分が正しいと思うことは許されていく」と。良心の咎《とが》めもなく、絶対的な義人もいないところで、自分で自分の正しいと思うことをなすことができるというのです。

『罪と罰』という小説の中に、ラスコーリニコフという一人の学生が登場します。貧乏ですが、非常に優れた、頭のよい学生でした。しかしお金がないので、学業を続けていくことができません。彼は、自分が学業を続けることができたら、世のため、人のため、多大な貢献をすることができると自負していました。「どうして私に金がないのだろう」と悩んでいました。

その町に、みんなから嫌われている強欲な金貸しのおばあさんがいました。みんな彼女のことが大っ嫌いでした。でもお金を持っています。ラスコーリニコフは考えます。彼女があの金を抱えたまま死んでいくのと、自分が彼女の金を奪って学業を成し遂げ、世のために貢献するのと、どちらがいいことか。自分が、「金がないからここで勉強を断念する」と一介の労働者になっていくのと、その金を得て社会の主導者となり、人々を幸せに導くのと、どちらが正しいことなのかと。

そして彼は、すべての人に許されるわけではないけれど、自分のようなエリートなら許されると思い、おばあさんを殺し、金を奪うのです。学業を続けるため、そして将来、世のため人のために貢献しようと……。しかし、彼はその後、ものすごく大きな良心の呵責《かしゃく》に襲われるのです。

神がいなければすべてが許される。私が神になろう。私が人生の支配者になろう。私が人生の神になろう。罪はここから始まりました。私たちの罪の根源には、自ら神になろうとする思いがあるのです。そして、じつはそれがバビロンなのです。

なぜ人々はバベルの塔を建てたか

バビロンという言葉は、旧約聖書のバベルの塔から来ているということは聞いておられると思います。その意味は混乱、混迷です。

神が私たちの創造者であって、この神は全知全能であり、愛のお方であると、本来人間は信じていました。ところが、その思いが混乱してきます。

ノアの洪水のあと、しばらくすると、人々はバベルの塔という、高い塔を建てていきます。なぜ人々はバベルの塔を建てたのか。エレン・ホワイトはその理由を三つ挙げています（『希望への光』「「人類のあけぼの」一〇章」参照）。

1 神の恵みの約束を信じない「不信仰」

一つ目は、「神の恵みの約束を信じなかった」からです。

神は洪水の後、ノアに契約の虹を見せて、もう二度とこの地上を洪水で滅ぼすことはしないと約束されました。でも時が過ぎると、人々はその洪水の記憶だけをしっかりと胸に刻み、神の恵みの約束を忘れたのです。そして、もしもう一度洪水が来たらどうしよう、洪水が来ても滅びないほど高い塔を建てようと言って、バベルの塔を建てたのです。神の恵みの約束を信じない不信仰が、あのバベルの塔を建てた根底にありました。

今日、私たちは本当に神の恵みの約束を信じているでしょうか。「あなたを必ず救う」「あなたの罪は、キリストの十字架によってすべて赦された。何もしなくていい。安心して、この十字架にすべてをゆだねなさい」という約束を信じているでしょうか。

神が本当に私たちを愛してくださっているということを信じているでしょうか。

時々、想像もしなかったような痛ましい現実に遭うことがあります。予期しない肉親の死、予期しない事故、思いがけない人間関係の破綻《はたん》、経済的な困難。本当に神は私を愛しているのだろうか、神は本当に生きているのだろうか、やっぱり自分を幸せにするのは、自分自身しかいないのではないか。そう思うことはないでしょうか。

2 自分で自分を救おうとする「行いによる義」

二つ目は、自分で自分を救おうとしたからです。もう一度洪水が来たら、そのときに二度と滅びることがないように、自分で自分を救うために塔を建てよう……。「行いによる義」です。自分の力で救いを得ようとしたのです。

私たちはクリスチャンとして、また人間として神の前に出るとき、何とか自分を良き者、良きクリスチャンとして神に受け入れられたいと思うことはないでしょうか。そのために頑張って頑張って、でもやがて疲れていく。そんな経験はないでしょうか。

教会でも、「あの人はいいクリスチャンだ。いい教会員だ」と思われたいと必死になって頑張り、安息日が終わって家に帰ると、「はー、疲れた」とため息をつく。

自分の力で一生懸命何かをしようとして、頑張って信仰を持っていた人が、あるときポキっと折れることがあります。何年も忠実に教会に来てくださっていたのに、突然ポキっと折れてしまう。自分で自分を救おうとする、行いによる義の精神。これは私たちすべての中にある思いです。

3 自らの名を高めようとする「自己称揚《しょうよう》」

三つ目は、「高い塔を建てることによって、自らの名前を高めようとした」のです。人は誰かから、ほめられたいという気持ちは、すべての人間の基本的な欲求です。人は誰も自己称揚、ほめられて力を得ていくのです。もしこの講演会を終えて家に帰ったとき、家内に「ひどい講演ね」と言われたら、その瞬間、私の心は折れるでしょう。嘘《うそ》でもいいから、「良かったよ」と言ってほしい。人間は誰でも、ほめられ、支えられて、力を得ていくのです。

でも、自分の名前を高めようとする高慢さ、傲慢《ごうまん》さに陥ったとき、やがて人は、自分が神になったかのような気持ちになります。バビロンとは、この混迷、混乱なのです。そして神の恵みの約束が信じられなくなり、自分で何とかしなくてはと思うようになる。そして、自分を高めようとする。その混乱、混迷、カオスの中に入っていくことが、バビロンの精神です。

そして、神の招きに素直に答えられないのです。レビのように、「はい」とすぐに立ち上がって従うことができればいいのですが、あの富める青年のように、いろいろと考えて従えません。どん底のレビは、すぐに立ち上がってキリストに従いましたが、富める青年は、キリストにひれ伏して従っていくことができませんでした。「すべてを捨ててわたしに従いなさい」との招きに、いやだ、捨てられないと、自分で自分を守り、救おうとするのです。バビロンは、まさにこの混乱です。自分で何でもできると私たちを錯覚させていくのです。

エレン・ホワイトは言っています。「ほとんどすべての偽りの宗教は、人間自身の努力によって救いを得ることができるという同じ原則に基づいている」(『希望への光』三九ページ〔「人類のあけぼの」六章〕)。「あなたの努力であなたは救われますよ」というのです。

自分自身の努力で救いを得ることができる、たくさんお布施をすれば、幸せになれる。偽りの宗教は必ずそう言います。献金をたくさん要求する宗教、努力を要求する宗教。その根底は偽りの宗教、バビロンの精神に支配された宗教です。

神の国のビザとパスポート

このバビロンという大国とは全く違うのが神の国です。この神の国に行くためのビザは、どこが発給するでしょうか。それは神の国です。神の国に行くのですから、神の国にしか発給できないのです。

では、神の国に行くためのパスポートはどこが発給するのでしょうか。

例えば、私たちが他国に行くとき、ビザが必要な国では、その国がビザを発給しますが、パスポートは日本の国が発給します。しかし、天の国に行くためのパスポートは、この世では発行できません。ビザはもちろん天国が発給するのですが、パスポートも、この世において神の国に住んでいる者にしか発給されないのです。この世にありながら神の国に住む者に、天国行きの永遠の神の国へのパスポートが発給されます。バビロンから出て、神の国という恵みの王国の中に住んだときに初めて、この永遠のみ国へのパスポートも支給されるのです。

では、この世において神の国に生きるとはどういうことでしょうか。それは第一に、神を神として生きるということです。私たちに命を与えてくださった神を、ただ唯一の神として生きるということです。バビロンの精神は、自分を神として生きることでしたが、そうではなく、神を神として生きること。これが神の国に生きる者の第一の精神です。

ところが、これがなかなか難しいんです。クリスチャンも、神の国に生きているのですが、本当に神を神として生きているでしょうか。私たちの祈りを考えてみましょう。どういう祈りをささげているでしょうか。

「神様、身体の調子が悪いんです。早く私の思うように治してください」「神様、息子が大学を受験します。どうか合格しますように」「神様、この仕事が行き詰まっています。どうか力を貸してください。そして道を開いてください」

自分の願いのために神を利用していませんか。私の願いのために、神を強力な助っ人として利用するような祈りを捧げていないでしょうか。神よりも、さらに自分を自分自身の人生の主として、祈りをささげることがしばしばあるのです。

バビロンからの解放

神を神とするということ。それは、「神様、私の願いはこうです。でも私の思いではなく、あなたのみ旨を成し遂げてください」ということ。ゲツセマネのキリストの祈りです。「ただ、あなたのみ旨だけが成りますように」

ここまで来ると、バビロンからの解放なのです。人生のすべてを神にゆだね、明け渡していくこと。自分ではなく、神を神として、ただひたすら礼拝すること。

エレン・ホワイトは、毎朝次のように祈りなさいと言っています。この祈りが本当に祈れるかどうか、それが、私たちが混迷から解放されるかどうかの一つの鍵なのです。「主よ、しもべを完全にあなたのものとしてお受け入れください。私のすべての計画をあなたのみ前におきます。どうか、しもべを今日もご用のためにお用いください。どうか、私と共にあって、すべてのことをあなたにあってなさせてください」（『キリストへの道』改訂版一〇四ページ）

この祈りは、「私をあなたの器として、あなたのご計画の中で用いてください」という祈りなのです。私たちの祈りは往々にして、「私にはこういう計画があります。ついては神様、その計画が実現できるように助けてください」という祈りになっていきます。でも、私たちが本当にバビロンから解放されていく道は、自分を神に完全に明け渡して、神を神として、「私はあなたの器に過ぎません。私を用いてください」と、へりくだっていくことです。

そして、これが神と私たちとの愛の関係なのです。神を神とすること。そして、私たちはその神の器であることを認め、へりくだっていくこと。これが本来、神と人間とのあるべき関係です。ここに愛の関係、信頼の関係が築かれていきます。永遠の関係が築かれていくのです。第二天使のメッセージは、その関係へと私たちを招いています。「倒れた。大バビロンが倒れた」と。

いいですか。私たちの内で混乱している考え方が、まず倒れていくのです。神の恵みの約束を信じられない、私たちの思いが倒れていきます。「神様、私はあなたの恵みの約束にすがりつきます。そこにすべて頼っていきます」

そして、自分で何かをしようという思いから、倒れていきます。何とかして自分で自分を救おうとする、その思いが倒れていくのです。「私には何もできません。あなたにすべてをお任せします」

そして、自らを高め、自ら神になろうとする自己称揚の思いが倒れていきます。「あなたにだけ栄光がありますように。ただあなたにだけ栄光が帰されますように」

私たちの内にあるバビロンが倒れていかなければ、私たちは大バビロンと共に倒れていくのです。神の招きを拒否したことになるからです。

「罪人のあなたよ、そのままでいい。私があなたを変えてあげるから、そのままで私に従ってきなさい」「いやいやいや。まだ私にできることがあります。神様、私はあなたが思っているほど無能ではありませんよ。あなたが思っているほど無力でもありません。私にはまだできることがあります」。そういう頑張り、バビロンの精神が倒れていかない限り、私たちも大バビロンと共に倒れていくのです。

神との愛の関係を拒否してサタンと結託する、みだらな行いのぶどう酒を諸国の民に飲ませたこの都バビロンは、必ず倒れていきます。

このメッセージがなぜ福音なのか。それは、大バビロンの支配者であるサタンが、やがて必ず滅びていくからです。私たちは悩むことも迷うこともなくなります。ただ神だけ、キリストだけが、私たちの前に立ってくださる。その世界へと私たちは招かれています。

そして、このバビロンが招いた、あらゆる悩み、病気、苦しみ、人間関係の破綻、死、そのすべてが清算され、消えていきます。だから、この第二天使のメッセージは私たちにとって「Good News」、福音なのです。

イエス・キリストが来られるとき、大バビロンは倒れていきます。大バビロンと共に、死も悩みも、痛みも病も苦しみも涙も、すべて去っていきます。


「待て、まずあなたの心のバビロンを倒せ」

どうしたら倒すことができるでしょうか。それは、ただ一つ、十字架のキリストを仰ぐことです。十字架のキリストを見上げること。ここにだけ、私たちの内なるバビロンが倒れていく唯一の秘訣があります。

なぜキリストが、神の子イエスが、十字架に血を流し、肉を裂かなければならなかったのか。それは、私たちが、私たちの救いに関して無力だからです。それほど私たちは汚れているからです。でも、そんな私たちを救うために、キリストは十字架に死んでくださいました。その限りない恵みの愛を、私たちはしっかりと受け取っていきたいと思います。

やがて、神だけが与えることができる平和、平安、そして愛が、私たちを包み込みます。私たちが人生の海の嵐から解放され、本当の静かな港へたどり着くことができる、主の再臨を待ちたいと思います。十字架の死を見上げながら、主の再臨を待ち望みたいと思います。

今、主の十字架を見上げるとき、私たちの心に確かなる平安が訪れます、しかし、それが完全に支配するのは、主の再臨のときです。その再臨を心から待ち望み、内なるバビロンを、十字架の血の力によって倒していただきたい。そう心から願っています。

「最高の幸せの中に」～第三天使の使命

三

メトシェラが死ぬとき

「エノクは六五歳になったとき、メトシェラをもうけた。エノクは、メトシェラが生まれた後、三百年神と共に歩み、息子や娘をもうけた。エノクは三百六十五年生きた。エノクは神と共に歩み、神が取られたのでいなくなった」（創世記五章二一～二四節）。

有名なエノクの物語です。しかし今回注目したいのは、エノクではなく、その息子のメトシェラです。メトシェラという名前には意味がありました。「彼の死はそれを運ぶ」、あるいは「彼が死ぬとき、何かが起こる」という意味です。エノクが生んだメトシェラ。この人が死ぬときに何かが起こる。そのような名前を、彼は父から受け取ったのです。

「メトシェラは百八十七歳になったとき、レメクをもうけた。メトシェラは、レメクが生まれた後七百八十二年生きて、息子や娘をもうけた。メトシェラは九百六十九年生き、そして死んだ」（五章二五～二七節）。

九六九年。実に長生きです。旧約聖書の中で最も長生きした人メトシェラ。彼が九六九歳で死んだ年に、何が起こったのでしょうか。

「レメクは百八十二歳になったとき、男の子をもうけた。彼は、『主の呪いを受けた大地で働く我々の手の苦労を、この子は慰めてくれるであろう』と言って。その子をノア（慰め）と名付けた」（五章二八、二九節）。

メトシェラとは、あの有名なノアのおじいさんだったのです。ではノアは、おじいさんが何歳のときに生まれたのでしょうか。メトシェラが息子レメクを生んだとき、彼は一八七歳。そして、レメクは一八二歳のときにノアを生んでいます。単純な算数です。一八七＋一八二＝三六九。つまり、メトシェラが三六九歳のときに孫のノアが生まれたのです。
メトシェラは九六九歳で死にました。その年、孫のノアは何歳になっていたでしょうか。九六九－三六九＝六〇〇。メトシェラが死んだのは、ノアが六〇〇歳のときでした。そして、その年に何かが起こったのです。

「ノアが六百歳のとき、洪水が地上に起こり、水が地の上にみなぎった」（七章六節）。

メトシェラが九六九歳で死んだその年に、あの大洪水がやってきたのです。「彼（メトシェラ）が死ぬとき、何かが起こる」。メトシェラが死んだとき、人々はいったい何が起こるのだろうと考えたことでしょう。確かに大洪水が起こったのです。ときに、名前はそれ自体、一つのメッセージになるのです。

セブンスデー・アドベンチストとは？

さて、私たちの教会の名前は、セブンスデー・アドベンチストといいます。普段あまり使わない英語ですが、この名前には、どういう意味があるのでしょうか。

セブンスデーとは、第七日目である土曜日を礼拝の日とする教会です。そしてアドベンチストとは、再臨のキリストを待ち望む教会なのです。

これまで、ヨハネの黙示録の「三天使のメッセージ」から、この終わりの時代に、神が私たちに与えてくださっている愛のメッセージについて考えてきました。

第一天使のメッセージ「**神を畏《おそ》れ、その栄光をたたえなさい。神の裁きの時が来たからである**」

最初に、裁きというのは、じつは救いだという話をしました。神ご自身が、私たち一人ひとりをこよなく愛してくださり、罪の滅びの定めにある私たちを救いへと招いてくださった。神の願いはただ一つ、私たちと永遠の命を共存すること、私たちは永遠に神と共に住むことができるということをお話ししました。そして神の裁きの時、神の救いの時を待つ私たちは、創造主なる神を礼拝して、その時を待つのだということをお話ししました。

第二天使のメッセージ**「倒れた。大バビロンが倒れた」**

次に、「バビロンは倒れた」ことをお話しし、神を神とせず、むしろ自分を神とするバビロンの精神の虜《とりこ》になった者がいること、サタンをはじめ、自ら神になろうとする者は必ず倒れていくことをお話ししました。そして今、キリストの十字架を仰いで、ただ神だけを神とし、へりくだって自分を神の器として、神のご計画の中を歩んでいきたいとお話ししました。神が私たちに永遠の命を与えたいと願ってくださっているからです。

そして、私たちが本当に神を神とし、神のものであることのあかし、それがセブンスデー・アドベンチストなのです。創造の記念日である安息日を、神を礼拝するために特別に聖別し、「私はあなたのものです」と告白しながら、キリストの裁きの時、救いの時を待つ。これが、神の民としてのセブンスデー・アドベンチストのあり方です。

第三天使のメッセージ。**「だれでも、獣とその像を拝み、額や手にこの獣の刻印を受ける者があれば、その者自身も、神の怒りの杯に混ぜものなしに注がれた、神の怒りのぶどう酒を飲むことになり、また、聖なる天使たちと小羊の前で、火と硫黄で苦しめられることになる。**

その苦しみの煙は、世々限りなく立ち上り、獣とその像を拝む者たち、また、だれでも獣の名の刻印を受ける者は、昼も夜も安らぐことはない」（ヨハネの黙示録一四章九～一一節）。

獣とその像とを拝む者は永遠の滅びに入る。神に敵対し、自ら神になろうとする宗教組織に属する者は滅ぼされる。しかし、「神の掟《おきて》を守り、イエスに対する信仰を守り続ける聖なる者たち」（一四章一二節）は永遠の命を受ける。これが第三天使のメッセージの意味です。

とりわけ私たちの教会は、神の愛の支配法則である十戒の第四条を守っています。本来安息日は土曜日であったのですが、キリスト教がローマ帝国の国教となった時に、日曜休業令（Sunday Law）を出し、太陽神を拝んでいたローマに合わせて礼拝の日を日曜日に移行してしまったローマカトリック教会にならって、現在ほとんどの教会が日曜日に礼拝をしています。

しかし、神の民、神を神とする民は、神が定めた第七日目安息日に神を礼拝し続けます。これが私たちの信仰です。しかも安息日は神の祝福の日です。そのことをもう一度確認していきたいと思います。

安息日の祝福

安息日が私たちにとっていかに祝福であるか、考えていきたいと思います。

1　恵みのしるし

まず第一に、安息日は恵みのしるしです。

「天地万物は完成された。第七の日に、神は御自分の仕事を完成され、第七の日に、神は御自分の仕事を離れ、安息なさった。この日に神はすべての創造の仕事を離れ、安息なさったので、第七の日を神は祝福し、聖別された」（創世記二章一～三節）。

最初の安息日に関する聖書の記事です。六日間で天地を造られた神は、七日目に、この天地創造の「仕事を離れた」のです。この日、三つのことがなされました。

一つ目は、「安息なさった」

神は「休まれた」というのです。六日間で、この全宇宙と大自然、最後に人間を造られた神は七日目に休まれ、安息されました。なぜでしょうか。アブラハム・ヘッシェルというユダヤ人の神学者は、「第七日目、神は安息の日を創造された」と言っています。創造の業《わざ》はまだ続いていましたが、神は七日目にあえて安息の日、休みの日を造られました。何のためにでしょうか。

二つ目は、「第七の日を神は祝福し」

神は祝福されたのです。聖書の祝福とは、人間のためです。神のためではありません。人間にとってよかれと神がなさることを祝福といいます。神が祝福されることはありません。人間が神によって祝福されるのです。神は人間のために、あえて祝福の日を造られました。その日は休みの日でした。

三つ目は、「聖別された」

神はその日を聖別し、特別に選り分けられたのです。神のカレンダーには、七日目ごとにしるしがついています。私たちと交わるためです。私たちに祝福を与えるために、神はその日を特別に聖別されているのです。

人間が創造されたのは、六日目の一番最後だったといいます。金曜日の夕方、神の創造の最後の作品として人間が造られました。やがて日が沈み、安息日が始まります。目覚めたアダムとエバは本当に驚いたと思います。人間として造られたアダムとエバ。彼らの意識が突然覚めたとき、いろいろな驚きが彼らの心に渦巻いたはずです。「自分の存在はいったい何だろうか?」「ここはどこなのか?」「私は誰なのだろう?」

やがて安息日になり、神が近づいてこられます。そして彼らに語りかけます。「あなたに命を与えたのはこのわたしだ。あなたの命の根拠は、このわたしだ。あなたは偶然そこにいるのではない。わたしがあなたを造り、あなたに命を与えた。わたしが与えたのだから、あなたの命には意味があり、目的がある。わたしはあなたを、わたしを愛するため、また互いに愛し合うために造った。あなたがたは、このことを七日目ごとに確認しなさい。あなたがわたしによって命を与えられた存在であること、そしてわたしを愛し、互いに愛し合うためにその命が与えられたことを確認しなさい」

こうして神との親しい交わりが始まったのです。セブンスデー・アドベンチストは七日目ごとに神の前に出て、この事実を確認します。私の命は神から与えられた命。愛によって、神は私に命を与えてくださった。その愛の神を愛するために、そして互いに愛し合うために、私に命が与えられている。

時々日曜教会の方に、「なぜセブンスデー・アドベンチストは週の最初の日ではなくて、週の最後の日に礼拝するのか。神を第一にするならば、最初の日に礼拝するべきではないか」と言われますが、じつは第七日目こそ、人類が迎えた最初の日だったのです。その最初の日から七日目ごとに、私たちは神との交わりを喜んでいるのです。

このとき、アダムとエバはまだ何の業もしていませんでした。何の良き業もしていなかった。そこに、神の方から近づいてこられ、彼らと交わってくださいました。私たちに何の良きものがなくても、神は私たちに近寄ってきてくださるのです。何にもない、無価値な私たちを、神はすでにそのみ手の中にしっかりと受けとめてくださった。それが安息日の持つ第一の意味です。恵みのしるしなのです。

2 創造のしるし

第二に、安息日は創造のしるしです。

「安息日を心に留め、これを聖別せよ。六日の間働いて、何であれあなたの仕事をし、七日目は、あなたの神、主の安息日であるから、いかなる仕事もしてはならない。あなたも、息子も、娘も、男女の奴隷も、家畜も、あなたの町の門の中に寄留する人々も同様である。六日の間に主は天と地と海とそこにあるすべてのものを造り、七日目に休まれたから、主は安息日を祝福して聖別されたのである」（出エジプト記二〇章八～一一節）。

私たちは主によって造られました。これは、この国において強烈なメッセージです。この日本という国において、ほとんどの学校教育で教えられていることは、人間の命は、偶然に生まれた小さな命から進化を重ねて人間になったのだという進化論です。それがあたかも科学的事実のように教えられ、日本人みんなの頭に刷り込まれています。

しかし、そうではありません。聖書ははっきりと、人間は最初から人間として、神によって、神のかたちに造られたと記しています。造られたがゆえに、人間は意味があり、目的がある存在なのです。創造の記念日である安息日に、私たちは神に造られた者として、神の前に出ていくのです。

3　救いのしるし

第三に、安息日は救いのしるしです。聖書の中に十戒が二箇所で記されているのをご存じでしょうか。一つ目は出エジプト記の二〇章、二つ目は申命記の五章に記されています。ところが、この申命記の十戒の第四条、安息日を説く十戒は、出エジプト記の十戒とは少し意味合いが違うのです。

「安息日を守ってこれを聖別せよ。あなたの神、主が命じられたとおりに。六日の間働いて、何であれあなたの仕事をし、七日目は、あなたの神、主の安息日であるから、いかなる仕事もしてはならない。あなたも、息子も、娘も、男女の奴隷も、牛、ろばなどすべての家畜も、あなたの町の門の中に寄留する人々も同様である。それすれば、あなたの男女の奴隷もあなたと同じように休むことができる。あなたはかつてエジプトの国で奴隷であったが、あなたの神、主が力ある御手と御腕を伸ばしてあなたを導き出されたことを思い起こさねばならない。そのために、あなたの神、主は安息日を守るよう命じられたのである」（申命記五章一二～一五節）。

安息日の根拠は創造だけではありません。エジプトのあの地で、イスラエルの民は奴隷でしたが、神によって救い出され、解放されました。神は、その記念として安息日を守るように命じられました。つまり、安息日は救いの記念日でもあるのです。

私たちが罪の奴隷であり、永遠の死を宿命として負っていたそのときに、キリストが十字架に架かって、私たちをその永遠の死から解き放ち、罪の奴隷から解き放ってくださった。その記念として安息日を守るように命じられています。私たちが安息日を守り、土曜日に神の前に出るのは、神からのその救いのみ手を感謝するためです。

4　聖別のしるし

第四に、安息日は聖別のしるしです。

「主はモーセに言われた。あなたは、イスラエルの人々に告げてこう言いなさい。あなたたちは、わたしの安息日を守らねばならない。それは、代々にわたってわたしとあなたたちとの間のしるしであり、わたしがあなたたちを聖別する主であることを知るためのものである」（出エジプト記三一章一二、一三節）。

何のために神は人間を造られたのか、神の創造の目的は何かということについて、最初にお話ししました。それは愛の神が、愛する対象を求められたからでした。神は愛する対象を求め、その愛する対象にも、自分の意志、自分の選択、主体性によって、愛を返してもらうことを望まれました。神は、生き生きとした愛の関係を望まれたのです。しかし、その自由意志のゆえに、その主体性のゆえに、人は神に背を向けました。しかし、その背を向けた人間のために十字架が示され、多くの人間が悔い改めて、もう一度神の民、神の愛の対象となることを選んだのです。

その神に聖別された者たちが、神の民であることをあかしするのが安息日なのです。私たちは安息日に神の前に出ることによって、「神様、私はあなたのものです」という事実を告白するのです。

5　天国のしるし

第五に、安息日は天国のしるしです。

「そのとき、わたしは玉座から語りかける大きな声を聞いた。『見よ、神の幕屋が人の間にあって、神が人と共に住み、人は神の民となる。神は自ら人と共にいて、その神となり、彼らの目の涙をことごとくぬぐい取ってくださる。もはや死はなく、もはや悲しみも嘆きも労苦もない。最初のものは過ぎ去ったからである』」（ヨハネの黙示録二一章三、四節）。

安息日というのは、来るべき天国、私たちがやがて住むべき、神のみ国のひな形です。私たちは安息日に神の前に出るとき、私たちがやがてこの罪の支配や罪の悩み、涙、苦しみから解放されて、絶対的な安息に入ることを、もう一度確認するのです。七日目のこの一日は、天国を表す時間です。そして七日目ごとに集まるこの教会は、天国のひな形です。神にある平安、神にある希望、神にある喜びが一人ひとりの内に分かち与えられていくのが、この安息日です。安息日は天国のしるしです。

6　愛のしるし

最後に、安息日は愛のしるしです。イエス・キリストの言葉です。

「そして更に言われた。『安息日は、人のために定められた。人が安息日のためにあるのではない。だから、人の子は安息日の主でもある』」（マルコによる福音書二章二七、二八節）。

私たちが安息日を守るのは、救われるためではありません。私たちの善き業を積み重ねるためでもないのです。安息日は人のために定められました。私たちは神に愛され、神に赦され、神に救われているから、この日に神を喜ぶのです。神の前に出て、神を礼拝し、神を喜ぶのです。安息日は、神に愛されていることへの応答、しるしなのです。

神の掟

神は、このようにして安息日を私たちに与えてくださいました。私たちは神の掟《おきて》を守る民として、この安息日を非常に大切にしています。しかし神の掟とは、十戒を守ることがすべてではありません。この黙示録を書いたヨハネが神の掟と言うとき、それはもう一つの意味を持ちます。それがヨハネの手紙の中に記されています。

「神に願うことは何でもかなえられます。わたしたちが神の掟を守り、御心に適うことを行っているからです。その掟とは、神の子イエス・キリストの名を信じ、この方がわたしたちに命じられたように、互いに愛し合うことです」（ヨハネの手紙一・三章二二、二三節）。

安息日の主であるイエス・キリストを信じ、創造の主であるイエス・キリストを信じ、救いの主であるイエス・キリストを信じ、恵みの主であるイエス・キリストを信じ、愛の主であるイエス・キリストを信じ、そして、このお方が命じられたように互いに愛し合うこと、それが神の掟だというのです。イエス・キリストの再臨を待ち望むアドベンチストが神から望まれている究極の姿、それは互いに愛し合う姿です。

どんなに厳格に安息日を守り、忠実に教会に集い、礼拝を守ったとしても、互いに愛することのないセブンスデー・アドベンチストがいるとすれば、矛盾しています。神はどれほど心を痛められるでしょうか。神は、二千年前のファリサイ人がこの二一世紀に再び登場し、厳格に神の掟を守り、安息日を守ることを期待されているわけではないのです。彼らが否定した十字架のキリストをしっかりと信じて受け入れ、その主にあって互いに愛し合う民を、神は待ち望んでおられます。安息日はまさにそのことを実現する日です。

われらの義なるキリスト

今私たちが考えなければならないことは、十字架のキリストを通して、安息日という神に与えられた祝福の日をどのようにとらえ、どのように守るかということです。ですから、私たちにとって最大のテーマはイエス・キリストです。

エレン・ホワイトの言葉です。「終わりが近づいている。一つの主題、すなわち『われらの義なるキリスト』がほかのすべての主題を呑《の》み込んでしまうだろう」（『神の息子、娘たち』二五九ページ、英文）。

罪にまみれていた私たちを、十字架によって、罪の結果である永遠の死から解き放ち、尚かつその罪の力からも解放してくださると主は約束してくださいました。

罪というのは、愛さないことです。神を愛さないこと、自分を愛さないこと、人を愛さないこと、それが罪です。そこから私たちを解放してくださるのです。神を愛し、自分を受け入れ、人を受け入れ、愛していく。「愛する」とは、言葉を言いかえると「大切にする」という意味です。神を大切にし、自分を大切に、人を大切にする。そこに導いてくださるのが、「われらの義なるキリスト」なのです。

十字架によって私たちを義とみなしてくださったキリストは、私たちを義へ、愛へと変えていってくださいます。これが終わりの時の最大のテーマです。一つのテーマの主題は、ほかのすべての主題を呑み込んでしまう。それは「われらの義なるキリスト」です。

私たちは日ごとに十字架のキリストの前に出て、その前に罪の赦しを得て、私たち自身が清められ、義なる者、愛の存在へと変えられることを祈り求めていきたいと思います。

セブンスデー・アドベンチストについて、もう一つエレン・ホワイトの言葉をお読みします。

「セブンスデー・アドベンチストは、世界に対してキリストを掲げることにおいて、すべてのクリスチャンの先頭に立たねばならない。第三天使の使命を宣布することは、安息日の真理を提示することを要求する。この使命に含まれる他の真理と共に、この真理は宣布されねばならない。しかし、人を引き付け魅了する偉大な中心であるイエス・キリストを忘れてはならないのである」（『福音宣伝者』一五六ページ）。

私たちの教会が語らねばならない一番大切な中心的なメッセージは何でしょうか。それは、イエス・キリストです。

安息日の主は、イエス・キリストです。我らを造り、我らを贖《あがな》い、我らを導き、我らを祝福したもうイエス・キリスト。このイエス・キリストにぜひ目を向けていただきたいと思います。そして、このイエス・キリストを、私たちの救い主、癒《いや》し主、清め主として受け入れていきたいと思います。私たちは今、このイエス・キリストの無限の愛と恵みの中で、安息日に神を心から礼拝する民であることを喜びたいと思います。

キリストをモデルとして

二〇一五年二月一九日に行われた第三回ＳＤＡ社会福祉法人次世代研修会における講演です。

私たちセブンスデー・アドベンチスト教会では現在、老人福祉、障がい者福祉、児童福祉の分野で働きを展開しています。ほかにも、福祉には、いわゆる弱者と言われる方々に対する支援の活動があります。では福祉とは、強者が弱者に対して支援の手を差し伸べることなのでしょうか。どうも違うような気がします。

そのようなことを考えていたとき、ある人のことを思い起こしました。「ネパールの赤ひげ」と呼ばれた岩村昇という方です。三〇年ほど前に読んだ本からですが、彼は、結核が非常にはやっているネパールに行き、その撲滅のために献身をしたクリスチャンの医師でした。

サンガイ・ジュネ・コラギ

あるとき岩村医師は、非常に重篤な結核におかされている一人のおばあちゃんと出会いました。彼女を彼の病院のあるタンセンという町に運ばなければいけないのですが、ネパールの山の中は、車も動物も通ることができません。おばあちゃんを連れていくには、背負っていくしかないわけです。それも、三日かかるであろうという道のりです。彼には、とてもその体力がありませんので、一人のネパールの青年に、このおばあちゃんを背負ってくれるように依頼するのです。青年は喜んでおばあちゃんを背負子《しょいこ》に乗せ、三日三晩歩きます。そして、無事にタンセンの病院に着き、おばあちゃんはことなきを得るのです。

岩村医師が、青年にお礼を渡そうとしたとき、彼は怪訝《けげん》な表情でお金を拒否し、ひとこと言うのです。「サンガイ・ジュネ・コラギ」と。

これはネパール語ですが、みんなが共に生きるために、自分は当たり前のことをしただけだ。なぜ、お金を取る必要があるのか。それで、お礼を断ったのです。(このネパール語はいろいろな表記がありますが、私が読んだ本では「サンガイ・ジュネ・コラギ」と書かれていました)

共に生きる

おそらく福祉というのは、「共に生きる」、その心だろうと思うのです。強者も弱者も関係ありません。むしろ私たちは、創造主なる神の前では、老いも若きも、男も女も、病気の者もそうでない者も、等しく人間です。さらに言うならば、私たちは等しく罪人です。その人間が共に生きること、それを願うのが、おそらく福祉の心なのだと思います。

なぜ、それを願うのか。それは、神が私たちと共に生きることを願っているからです。人間に命を与え、この宇宙のすべてをご支配くださる神が、私たちと共に生きること、共に在ることを望んでおられるから、私たちも互いに共に生き、共に在ること、共生することを願うのだと思います。

イエス・キリストがこの地上に誕生したとき、彼の父親ヨセフは戸惑いました。まだ結婚する前であり、何の関係も持っていない婚約者のマリアが突然妊娠し、おなかが大きくなっていくのです。非常に戸惑いながら祈っていたときに、天使が彼に告げます。「その子を産みなさい」と。

そして、天使は旧約の預言を語るのです。

「『見よ、おとめが身ごもって、男の子を産む。その名はインマヌエルと呼ばれる。』この名は、『神は我々と共におられる』という意味である」（マタイによる福音書一章二三節）。

神は、私たちと共に生きることを願って、私たちにイエス・キリストを与えてくださいました。神は、私たちと共にいたいのです、共に生きたいのです。この神の心を知る者は、やはり、神と共に生きることを選ぶのだと思います。

マタイによる福音書の中に、イエス・キリストが群衆を見て、このように思われたという記述があります。二千年前、あのパレスチナの地に命を得たキリストが群衆を見ると、その群衆は皆、飼う者（羊飼い）のない羊のように弱り果て、打ちひしがれていた。それを見て、イエスはひどく憐れまれた、というのです。（九章三六節参照）。

じつは、弱く、打ちひしがれているのは、老いた人だけではありません。病気や障害を得た人だけでもありません。健康な体が与えられているにもかかわらず、寂しさ、孤独を抱えている人間が、この日本という社会に、そして世界にたくさんいます。そのような人々と共に生きることを考え、そのために仕え合う、それが福祉の中核ではないかと思うのです。

生きることを望まれていない孤独

マザーテレサがカルカッタ（現コルカタ）の街に最初に出た晩のことです。サリーに着替え、新しい奉仕を始めるために歩き始めました。一本の路地に入ると、路上生活をしていた婦人が倒れていました。道端で生まれ、道端で暮らし、道端で死んでいくような一人の婦人。すでに数匹のネズミが彼女の体を襲っていました。そのネズミを追い払うように、マザーテレサは彼女の顔の近くに腰を下ろし、その手を握ります。婦人はありったけの力をふりしぼるかのように目を開け、マザーテレサと視線を交わします。マザーテレサが微笑むと、婦人も微笑み、再び目を閉じます。マザーテレサは一晩中、手を握り続けました。やがて夜が明ける前、その婦人は息を引き取っていきました。それが、マザーテレサがカルカッタの街で新しい奉仕を始めた最初の晩の経験でした。

彼女はその経験の中に、まるでスポットライトを浴びたかのように一つの事実をはっきりと知ったといいます。それは、人間にとっての最大の病気は、がんでも結核でもない。それは、自分が生きることを、もはや誰からも望まれていない、期待されていないという感覚、自分の命が誰からも相手にされていないという感覚そのものだということを。

もしその晩、マザーテレサがその路地を通らなければ、その女性は、たった一人で孤独のうちに息を引き取ったことでしょう。彼女の体にすがりついて、「頑張って。死なないで」と励ます者もなく、彼女が息を引き取ったときに涙を流す者もいない。彼女がこの世に生存していたことさえ、誰にも覚えられないまま、孤独のうちに死んでいく。これほどの病はあるだろうか。人間が人間として命を受けながら、生きることを誰からも望まれない。誰からも期待されない。その命を誰からも愛されない。これほどの難病があるだろうか。マザーテレサは、その最初の晩の出来事の中で、その事実を知ったといいます。

キリストは、そういう私たちに寄り添い、共に生きることを選んでくださったのです。

「わたしと一緒に行こう」

今、日本には多くの孤独な若者たちがいます。二〇〇七年に実施された高校生対象のアンケートがあります。その中で明らかになった事実が幾つかありますが、その一つに、あの二〇〇一年九月一一日の同時多発テロ以降、日本の若者たちが異常に明るくなったという指摘があります。

あの多発テロの映像は、若者たちの心に、深い大きな影響を与えた。これからどうなるのかわからないという不安を与え、彼らから希望を奪い、人間関係に、過敏とも言えるほどの敏感さを与えた。そして多発テロ以降、中高生が、どうしたのかと思うぐらい異様に明るくなり、優しく素直になったというのです。

中学時代、高校時代というのは反抗期で、二〇年ほど前までは、人を寄せつけないようなオーラを発していたものです。しかし、今の高校生は本当に優しく、素直です。でも、彼らの心の内に何があるのか、彼らは暗い闇を抱えているというのです。若者の三人のうち二人が、自分はだめな人間だと思っており、三人のうち一人が、孤独だと感じています。そして多くの若者が、自分のような人間が生きていてもいいのかと問うているのです。

ある高校で、校長室を訪れた高校生が校長先生に尋ねたそうです。

「先生、どうして死なないんですか？」

びっくりするような質問です。でも、彼女には生き続けることの意味がわかりません。なぜ、この希望のない世界で生き続けなければならないのかと思うのです。多くの大人たちが鬱《うつ》と戦い、薬を飲みながら働いています。三〇人に一人、引きこもりと呼ばれる人々がいます。たくさんの人々が傷つき、心病んでいます。自分のような人間が生きていてもよいのだろうかと苦しんでいます。そんな人間にキリストは言われるのです。「わたしと行こう。一緒に生きよう」と。

キリストは徴税人レビにも、同じ言葉を語られます。

「そして通りがかりに、アルファイの子レビが収税所に座っているのを見かけて、『わたしに従いなさい』と言われた。彼は立ち上がってイエスに従った」(マルコによる福音書二章一四節)。

当時のユダヤの社会で、徴税人は非常に嫌われていました。レビは、お金さえあれば人生なんとか幸せに暮らせると、この職業を選んだのかもしれません。しかし気がつけば、自分を愛してくれる人は一人もなく、みんなから軽蔑され、嫌われていたのです。孤独と重い心を抱えて収税所に座るレビのもとに、キリストは近づいて声をかけるのです。「わたしに従ってきなさい」「一緒に生きよう。わたしと一緒に行こう」と。まじめで厳格なファリサイ派の律法学者は、イエスはなぜ徴税人や罪人と一緒にいるのかと問いかけます。それに対して、キリストは有名な言葉を語られました。

「医者を必要とするのは、丈夫な人ではなく病人である。わたしが来たのは、正しい人を招くためでなく、罪人を招くためである」（二章一七節）。

癒し主としてのキリスト、救い主としてのキリストは、まさに病人のため、罪人のために、この地上にこられました。私は、彼らと共に生きたい、彼らと一緒にいたい。キリストはそうおっしゃいました。このキリストの心が、おそらく福祉の心だろうと思うのです。

福祉の心

私の妻も今、グループホームで働いています。いろいろな高齢者に出会いますが、年をとって辛いのは、何と言っても自分が誰の役にも立てない、何もできないという苦しみだということを、日々の介護の中で感じ取ってくるのです。

年をとり、体が動かない。誰の役にも立たない。こんな私が生きていてもいいのだろうか。そう苦しんでいる高齢者がたくさんいます。社会が効率化だけを求めれば、そういう人間は排除する方向にいくでしょう。でも、私たちの信じる神は、あなたが何もできなくても、あなたと共にいたい、共に生きたいと願っておられます。なぜなら、その存在そのものに価値があるからです。doingではなくbeing。神の目には、すべての命は高価で尊いからです。

神は、私たちと共にいることを望んで、キリストをこの地上に送られました。すべての人間がその生を全うすることは、神のみこころ、神の願い、神の望みです。すべての人間が肩を寄り添わせながら生きることこそ、人間への神の期待です。私たちはそれを聖書から学ぶのです。まさにキリストは、そのようにしてこの地上で生きてくださいました。

キリストが見た群衆は、飼う者（羊飼い）のいない羊のように哀れで、弱々しく、打ちひしがれていました（マタイによる福音書九章三六節参照）。群衆は、どうやって生きればよいのか、どこに向かって生きればよいのか、希望を失っていました。

現在の私たち、現在の日本の状況とそっくりです。希望がない。どこに向かっていいのかわからない。特に若者は、それを強く感じています。

そのような中にあって、キリストは言われました。

「わたしが来たのは、羊が命を受けるため、しかも豊かに受けるためである。わたしは良い羊飼いである。良い羊飼いは羊のために命を捨てる」（ヨハネによる福音書一〇章一〇、一一節）。

この聖句には、「命」という言葉が二回出てきますが、羊が「命」を受けるために良い羊飼いは働くという「命」と、良い羊飼いは羊のために「命」を捨てるという、羊飼いの「命」では、違う言葉が使われています。

羊が豊かに受けるべき「命」は、ギリシャ語では「ゾーエー」という言葉が使われています。これは、「永遠の命」「霊的な命」という意味です。羊が「永遠の命」「霊的な命」を受けるために、羊飼いは働くのです。

しかも良い羊飼いは、羊が命を受けるために自分の命を捨てます。その羊飼いが捨てるべき「命」は、ギリシャ語で「プシュケー」という言葉が使われています。これは生物的な命、肉体的な命です。つまり、羊が霊的な命を受けるために、羊飼いは自分の肉体の命を捧げるというのです。

福祉の働き、医療の働き、教育の働き、牧会の働きもそうだと思います。相手が永遠の命、霊的な命を受けることを本当に望むなら、自らの命を削って働かなければなりません。何も犠牲を払うことなく、楽をしながら、誰かを霊的な命、永遠の命へ導くことはほとんど不可能であるということを、私たちは働きの中でよくわかっています。

時々、自分の命を守りながら、仕事をしているつもりになっている人がいます。

以前、広島三育学院で働いていたときの教え子が何人か、現在福祉施設で働いています。あるとき、ほかの（教会以外の）福祉施設で働いている教え子が言いました。

「私、刺されるかもしれない」
「どうして？」
「今日施設長に訴えたんです。ある同僚の介護士が、言うことを聞かないからと、利用者にそれはそれは酷いことをするんです。目に余ったから訴えました。私が訴えたことを知っているから、その人に刺されるかもしれません。でも黙っていられなかった」

時々、私たちはそのようなことを聞きます。福祉現場で行われる暴力事件です。

人々の命に仕えるために、福祉の道を志したのではないのかと思うのですが、自分の命を守りながら、いや自分の命を守るために、ほかの命をないがしろにするという生き方があるのです。自分がゾーエー（永遠の命、霊的な命）を得るために、キリストというお方がプシュケー（肉体の命）を捨ててくださったことを知らないところでは、そのようなことが往々に起こるのではないかと思います。

キリストは私たちが、スピリチュアルな命、生きがい、本当の希望を得るために、十字架の上でご自分の命を捨ててくださいました。私たちのために死ぬという覚悟です。

斎藤つよし君という不登校の少年がいました。彼は、中学生のときに学校に通えなくなります。いろいろなアルバイトを試しますが、人間関係がうまくいかず、どこも長続きしませんでした。

彼の趣味は、ゴーカートに乗ることで、そのときだけは外に出るのです。ゴーカートを思い切り飛ばし、そのまま堤防に激突したい。そんな自殺への願望が出てきます。そのような彼を、精神科医の森下一《はじめ》先生が面接を通して一生懸命支えていくのです。

ある日のこと、予約もしていないのに、つよし君が診療所にやってきました。そして、いきなりクマの顔のついたキーホルダーを差し出して言うのです。

「先生、今まで僕みたいな人間を人間扱いしてくれてありがとうね。これ、僕の記念や。取っといて」

その後ろ姿を見て、森下先生は危ないと思うのです。すぐ父親に電話をかけます。

「お父さん、ごめん。もう僕の力だけでは限界や。あとはお父さんだけが頼りだ。頼むで、お父さん。つよし君、今晩死ぬで」

受話器の向こうで父親のうなずく気配がします。

その晩、つよし君はお父さんの目の前でガソリンをかぶるのです。そしてライターを握りました。その様子をじっと見ていたお父さんは、ガソリンを浴びたつよし君に近づき、思いっきり抱きしめるのです。ガソリンがお父さんの身体にも染みてきます。そのとき、お父さんが叫ぶのです。

「つよし、火をつけろ。俺も一緒に死ぬ」

つよし君は震え始めました。やがて声を上げて泣き始めるのです。お父さんも、男泣きに泣きます。ついに、つよし君はライターを床に落としました。

次の日、つよし君は森下先生に手紙を書きました。

「僕は今まで、生きる価値のない人間だと思って生きてきた。でも昨日、お父さんは僕と一緒に死ぬと言ってくれた。自分はいてもいい人間なんだと初めてわかった」

この日、つよし君は立ち直るのです。そして、やがて社会復帰していきます。

私たちの信じるイエス・キリストは、「あなたたちと共に生きたい」と願って人となられました。そして、「あなたが生きるためだったら、わたしは命を捨てる」と、十字架で死んでくださったのです。

森下先生は、「不登校の子どもたちが本当に立ち直るためには、親には二つの覚悟が必要だ」と言います。

第一に共生の覚悟です。親が子どもを邪魔だ、迷惑だと思い始めたら、子どもは立ち直れません。「この子とだったら、どこまでも一緒に生きていくんだ」という共生の覚悟が必要です。

そしてもう一つは、共死の覚悟、共に死ぬ覚悟です。「この子とだったら、一緒に死んでもいい」。親が本当にそう覚悟したら、子どもは変わるというのです。

おそらく、福祉も医療も教育も、そして牧会も、私たちがこの覚悟を持ったときに初めて、人々に何らかの影響を与えていくことができるのではないかと思います。

無意識の行動

それでは、私たちは無理をして愛するのでしょうか。やらなければならないからやるのでしょうか。

善きサマリア人のたとえの中で、サマリア人は、傷ついた旅人を見たときに、「憐れに思（った）」と聖書にあります。彼は、憐れに思ったので、傷ついた旅人に近づいていったのです。

ギリシャ語の「憐れに思って」という言葉は、腸《はらわた》が痛むという思いです。心が痛むだけではなく、胃がきりきりと痛んでいるのです。「どうして、こんなことがあっていいんだ」と、彼は自然に動いたのです。自発的な愛です。助けなきゃいけない、だから助けようではありません。そんなことを考える間もなく、自然に動いていくのです。

キリストが再臨されるときに、羊を右に、山羊を左に分けるという、有名なたとえ話があります。キリストは、右にいる羊たちに言います。

「あなたがたは、わたしが本当に困っているときに助けてくれた。わたしがおなかが空いているときに食べさせ、喉《のど》が渇いているときに飲ませ、病気のときに見舞い、牢にいるときにわたしを訪ねてくれた」

右に分けられた人たちは何と言ったでしょうか。

「主よ、私たちはいつ、そんなことをしましたか？」

次にキリストは、左に分けられた山羊たちに向かって言います。

「あなたがたは、わたしが飢えていたときに食べさせてくれなかった。渇いているのに飲ませてくれなかった。病気で苦しんでいるのに訪ねてくれなかった」

彼らは、「私たちはいつ、しませんでしたか?」と言うのです。

あの羊の愛の行動は無意識なのです。自然と体が動き、覚えていないのです。福祉における行動、また私たちクリスチャンの愛の行動も、自然の行動なのです。ではどのようにしたら、そのような犠牲を喜んで自然に払うことができるのでしょうか。

わたしにつながりなさい

最後の晩餐の後、キリストは弟子たちに有名な言葉を残しました。

「わたしは、新しいいましめをあなたがたに与える。……わたしがあなたがたを愛したように、あなたがたも互に愛し合いなさい」(ヨハネによる福音書一三章三四節、口語訳聖書)。

クリスチャンは無理に愛し合うのではないのです。自然と愛し合う関係に導かれていくのです。なぜでしょうか。「わたしがあなたがたを愛したように」と言われたキリストの愛を知っているからです。

キリストは続けて言います。

「わたしはまことのぶどうの木、……あなたがたはその枝である。人がわたしにつながっており、わたしもその人につながっていれば、その人は豊かに実を結ぶ」「わたしにつながっていなければ、実を結ぶことができない」（ヨハネによる福音書一五章一～五節）。

実とは何でしょうか。聖書によれば、それは愛だと思います。キリストにつながっているなら、私たちは自然に愛へ、共生の道へと導かれていくというのです。共に生きることに喜びを感じ始めるというのです。無理やりではなく、自然にその状況に導かれていくのです。「わたしにとどまりなさい。わたしにつながりなさい」

良い木は良い実を結びます。だから私たちにとっての課題は、良い実を結ぶことではなく、良い木になること、キリストにつながり、キリストにとどまり、キリストを知ることです。キリストを知るということは、永遠の命だと、キリストご自身が言っておられます。

「永遠の命とは、唯一のまことの神であられるあなたと、あなたのお遣わしになったイエス・キリストを知ることです」（ヨハネによる福音書一七章三節）。

本当にキリストを知って、キリストの内にとどまったときに、私たちはキリストと同じ共生の愛へ、共に生きる愛へと導かれていくのです。

では、どのようにキリストにつながり、どのようにキリストにとどまるのか。それは祈りとみ言葉です。祈ることと、み言葉を聞くこと。これが私たちの機関の、ほかとは違う絶対的な特徴です。決して失ってはならない唯一の拠りどころです。

教会とかかわる福祉や医療、教育の機関が、もしみ言葉を重んじ、祈ることがなくなれば、もはやそれは教会の機関ではなくなっていきます。

今回の研修会では、福祉機関の方々が、キリストの愛を実践するためには単に福祉機関だけではなくて、教会と学校、医療機関との連携が必要だと考えてくださり、医療機関や教育機関、また教会の関係の方々が、この研修会にご出席くださいました。それは、それぞれの根源が、同じ創造主の愛にあるからです、そして、互いに支え合わない限り、私たちの地上での働きが全うできないからです。今私たちは本当に力を合わせる必要があります。

セブンスデー・アドベンチスト教会は、宣教の最初から、教会と学校、医療福祉、出版社の四つをもって宣教を推進してきました。私たちの教会はアドベンチスト、再臨を信じる教会です。やがて、この地上での歴史が終わることを信じる教会です。しかし、この地上で神との共生、お互いの共生がなければ、永遠の共生はないと信じる教会でもあります。永遠の神との共生、お互いの共生のために、今この地上で、愛という帯で、その関係の結び合わせたいと願う教会でもあります。

私たちはもう一度、私たちの教会の主であり、私たちの機関の主であるキリストによって一つになっていきたいと思います。それぞれの持ち場で、共に生きようとされたイエス・キリストの思いを実現する働きのために献身していきたいと思います。

【参考文献】

『イエスの言葉　ケセン語訳』山浦玄嗣、文藝春秋
『子どもを傷つける親　癒す親』鈴木秀子、海竜社
『不登校児が教えてくれたもの』森下一、グラフ社

【初出一覧】

「永遠の命への決断」
二〇一三年九月、立川教会で行われたＴＯＫＹＯ13講演会
「三つの愛のメッセージ」
二〇一四年八月、亀甲山教会で行われた講演会
「キリストをモデルとして」
二〇一五年二月、横浜で行われた第三回ＳＤＡ社会福祉法人次世代研修会

以上の講演会の原稿を元に加筆修正をしています。

島田真澄●しまだますみ

1953年、神奈川県に生まれる。国際基督教大学、三育学院カレッジ神学科、極東神学院各卒。セブンスデー・アドベンチスト教団世田谷教会牧師、広島三育学院高校宗教主任、米国カリフォルニア州ロマリンダ日本人教会牧師、函館教会牧師、東日本教区長、教団伝道局長、アドベンチストワールドラジオ牧師、西日本教区長、広島三育学院院長などを経て、現在、セブンスデー・アドベンチスト教団総理、福音社代表。著書に『悲愛の人』(福音社)がある。

講演集・永遠の福音

2016年1月15日 初版第1刷 発行

［著　者］ 島田真澄

［発行者］ 島田真澄

［発行所］ 福音社

〒190-0011 東京都立川市高松町3-21-4-202
042-526-7342(電話) 042-526-6066(Fax)

［印刷所］ (株)平河工業社

聖書からの引用は、日本聖書協会発行『聖書 新共同訳』を使用しています。

 ISBN 978-4-89222-472-0